Jörg Maywald

Sexualpädagogik in der Kita

Sexuelle Bildung und Schutz vor sexualisierter Gewalt

HERDER
FREIBURG · BASEL · WIEN

Die Reflexionskarten für die Teamarbeit

Jörg Maywald
Sexualpädagogik in der Kita
40 Reflexionskarten für die Teamarbeit
ISBN 978-3-451-39772-1

Mit den Reflexionskarten kommen Sie als Kita-Team in Austausch und Reflexion zu allen wesentlichen Themen rund um sexuelle Bildung und Schutz vor sexualisierter Gewalt. Fragen und Aussagen laden zum Nachdenken ein. Kompakte Infos auf der Rückseite der Karten bieten Erklärungen zum Thema und setzen Impulse für die Praxis. Für gelebten Kinderschutz in der Kita!

FSC www.fsc.org
MIX
Papier | Fördert gute Waldnutzung
FSC® C010798

Überarbeitete Neuausgabe 2024

Hermann-Herder-Straße 4, 79104 Freiburg

www.herder.de

Fragen zur Produktsicherheit: produktsicherheit@herder.de

Lektorat: Caroline Baumer, Freiburg
Umschlagkonzeption und -gestaltung: Sabine Hanel, Gestaltungssaal
Umschlagmotiv: © Enno Hendrik Baltins
Papierstruktur im Innenteil: © Charunee Yodbun - shutterstock
Satz: Sabine Hanel, Gestaltungssaal

Herstellung: Graspo CZ, Zlín
Printed in the Czech Republic

ISBN Print 978-3-451-39838-4
ISBN E-Book (EPUB) 978-3-451-83340-3
ISBN E-Book (PDF) 978-3-451-83342-7

Inhalt

Einführung

Das Interesse am eigenen Körper, Lustempfinden und altersentsprechende sexuelle Aktivitäten spielen in der Entwicklung jedes Kindes eine wichtige Rolle. Die psychosexuelle Entwicklung ist ein zentraler Aspekt der Persönlichkeitsbildung und beginnt bereits vor der Geburt. Indem Kinder ihren Körper entdecken und sich mit anderen vergleichen, entwickeln sie ein Bild von sich selbst, das die geschlechtliche Zugehörigkeit einschließt.

Als Lebensenergie ist Sexualität mit allen Facetten menschlichen Seins verflochten. Körperliche, seelische, geistige und soziale Prozesse sind bei der Herausbildung von Geschlechtsidentität, Geschlechtsrolle und sexueller Orientierung eng miteinander verbunden. Das biologische Körpergeschlecht, die sozial und kulturell bestimmten Geschlechtsrollenerwartungen und das subjektive Geschlechtserleben sind stark verschränkt und müssen in der Betrachtung zugleich sorgfältig voneinander getrennt werden.

Der Umgang mit Sexualität in unserer Gesellschaft ist in den vergangenen Jahrzehnten offener, aber auch komplexer und komplizierter geworden. Gerade weil Sexualität besonders in den Medien als überall verfügbar angepriesen wird, bestehen erhebliche Gefahren, das Recht auf sexuelle Selbstbestimmung zu verletzen, Machtgefälle auszunutzen, notwendige Grenzen zu missachten und Kinder für erwachsene Zwecke zu missbrauchen.

Sexualerziehung und Schutz vor Missbrauch sind zunächst Aufgaben der Eltern. Für sie gilt es in erster Linie, den altersgemäßen Bedürfnissen des Kindes nach Beziehung, körperlicher Nähe, Bindung und Zärtlichkeit gerecht zu werden. Zugleich müssen die Eltern darauf achten, Grenzen zu wahren und ihre Kinder vor Übergriffen jeder Art zu schützen. In Ergänzung zu den Eltern sind die pädagogischen Fachkräfte gefordert. Die Kita ist der Ort, an dem Kinder Beziehungen und Freundschaften erleben, Gefühle austauschen, Nähe und Distanz einüben und Lösungen für Konflikte erfahren. Um Kindern sexuelle Bildung zu ermöglichen, sollte jede Kindertageseinrichtung über ein sexualpädagogisches Konzept verfügen, das sowohl sexualerzieherische Angebote als auch Vorkehrungen und Maßnahmen des Kinderschutzes beinhaltet. Die Information und Einbeziehung der Eltern sind dabei selbstverständlich.

In den öffentlichen Debatten und fachlichen Weiterentwicklungen rund um »Frühe Bildung« spielen sexualpädagogische Themen in der Regel nur eine untergeordnete Rolle. Zumeist stehen Sprachförderung, naturwissenschaftliche Grundbildung und die Förderung kognitiver Fähigkeiten im Mittelpunkt der Aufmerksamkeit. Dass Kinder vor allem körperlich-sinnlich wahrnehmen, körperliches und psychosexuelles Wohlbefinden eine Voraussetzung für seelische Gesundheit darstellen und darüber hinaus die Grundlage für viele Bildungsprozesse sind, gerät dabei leicht in den Hintergrund.

Wenn es in den letzten Jahren in der Öffentlichkeit überhaupt um Kinder und Sexualität ging, dann vor allem in Zusammenhang mit der Thematisierung des sexuellen Missbrauchs. Das Bewusstsein dafür, dass Kinder in der Familie, im Bekanntenkreis, aber auch in pädagogischen Einrichtungen Opfer sexualisierter Gewalt durch ältere Kinder, Jugendliche und vor allem Erwachsene werden können, ist gewachsen. Im Zuge gesetzlicher Reformen wurde der staatliche Schutzauftrag auch für den Bereich der Kindertageseinrichtungen konkretisiert und erweitert. In vielen Kitas hat dies bereits zu einer verbesserten Kinderschutzpraxis geführt.

Woran es allerdings noch weithin mangelt, ist die Integration des Schutzes vor sexualisierter Gewalt und sexuellem Missbrauch[1] in ein sexualpädagogisches Gesamtkonzept. Dieses Buch zeigt, dass eine kindgerechte Sexualpädagogik und der Schutz vor sexualisierter Gewalt zusammengehören und sich wechselseitig ergänzen. Kinder, die bei der Entwicklung vertrauensvoller Beziehungen und eines positiven Körperbildes gestärkt und unterstützt werden, sind besser vor Übergriffen und Missbrauch geschützt. Umgekehrt können Kinder, deren Schutz gewahrt ist, ungezwungener ihren Körper entdecken, liebevolle und sichere Beziehungen eingehen und Antworten auf ihre Fragen zu Körperentwicklung und Sexualität bekommen.

1 Die Begriffe »sexueller Missbrauch« und »sexualisierte Gewalt« werden hier je nach Kontext benutzt und sind weitgehend gleichbedeutend.

1.

Kinder und Sexualität: Wie passt das zusammen?

Die Themen in diesem Kapitel sind

→ Kindheit in Abgrenzung zur Erwachsenenwelt

→ typische Merkmale kindlicher Sexualität

→ psychosexuelle Entwicklung bei Kindern

→ Herausbildung von Geschlechtsidentität und Geschlechtsrolle

→ Unterschiede in den Entwicklungsverläufen

1.1 Kinder sind keine kleinen Erwachsenen

Kinder sind von Natur aus soziale Wesen. Von Beginn an suchen sie die Nähe zu anderen Menschen, die ihnen vertraut werden. Mit ihren Augen, den Ohren, mit dem Mund und über die Haut nehmen sie Beziehung zu den Menschen in ihrer Umgebung auf und gehen intensive Bindungen ein. Sie genießen es, gehalten, gestreichelt und liebkost zu werden, und empfinden dabei körperliches und seelisches Wohlbehagen. Die Bedürfnisse nach körperlicher Nähe, psychischer Sicherheit und sozialem Austausch sind bei Säuglingen und Kleinkindern untrennbar miteinander verbunden.

Auch Erwachsene sind Beziehungswesen. Sie pflegen vielfältige persönliche, familiäre, berufliche und gesellschaftliche Kontakte, haben in den meisten Fällen Bindungsbeziehungen zu Partner:innen aufgebaut, sind in aller Regel sexuell aktiv und haben oftmals eigene Kinder, mit denen sie intensive Bindungen eingehen und für die sie Verantwortung übernommen haben. Im Unterschied zu Kindern sind die Beziehungen von Erwachsenen allerdings viel weiter ausdifferenziert. Ihre körperlichen, seelischen und geistigen Bedürfnisse sind teilweise »entmischt« und werden auf eine größere Anzahl von Personen gerichtet. Während die Bedürfnisse nach körperlicher Nähe und Sexualität zumeist in Partnerschaften befriedigt werden, bestehen seelische Bindungen darüber hinaus zu Familienangehörigen und in engen Freundschaften. Soziale, geistige, kulturelle und spirituelle Bedürfnisse wiederum finden ihre Befriedigung im Rahmen vielgestaltiger Beziehungen im persönlichen, familiären und beruflichen Feld, im Freizeitbereich und im öffentlichen Raum.

Die besonderen Bedürfnisse von Kindern anzuerkennen und einen Schonraum der Kindheit zu etablieren, ist eine zivilisatorische Errungenschaft, die der Mensch über Jahrtausende hinweg allmählich entwickelt hat. Ein wichtiger erster Schritt bestand darin, durch Einführung des Inzestverbots den Geschlechtsverkehr zwischen Eltern und ihren Kindern zu tabuisieren. In den meisten kulturellen und rechtlichen Ordnungen wurde dieses Verbot darüber hinaus auf eng verwandte Personen, wie zum Beispiel Geschwister, ausgedehnt. Wie sehr sich die Menschen mit dieser Tabugrenze beschäftigt haben, zeigt beispielhaft die Ödipus-Sage. Ihr zufolge nimmt der griechische König Ödipus – ohne dass ihm dies bewusst ist – seine Mutter Iokaste zur Ehefrau und zeugt mit ihr vier Kinder. Weil Verbote den Reiz in sich tragen, durchbrochen zu werden, wurde die Ödipus-Tragödie immer wieder öffentlich gezeigt, um sich auf diese Weise der gesellschaftlichen Tabugrenzen zu vergewissern.

Jenseits der engen Grenzen des Inzestverbots war die körperliche, seelische und sexuelle Ausbeutung der Kinder im Altertum, im Mittelalter und bis in die Neuzeit hinein weit verbreitet und wurde nur in beschränktem Maße gesellschaftlich geächtet. Das hängt mit dem traditionellen Bild vom Kind zusammen: Über Jahrtausende hinweg galten Kinder als Noch-nicht-Menschen, den Erwachsenen in jeder Hinsicht unterlegen und ihnen rechtlich nicht gleichgestellt. Ein Blick in die Geschichte zeigt, wie sich die Haltung und das Verhalten der Erwachsenen den Kindern gegenüber allmählich gewandelt haben. In seinem Buch »Hört ihr die Kinder weinen« schreibt der amerikanische Sozialwissenschaftler Lloyd deMause: »Die Geschichte der Kindheit ist ein Alptraum, aus dem wir gerade erst erwachen. Je weiter wir in der Geschichte zurückgehen, desto unzureichender wird die Pflege der Kinder, die Fürsorge für sie, und desto größer die Wahrscheinlichkeit, dass Kinder getötet, ausgesetzt, geschlagen, gequält und sexuell missbraucht wurden. [...] Bei antiken Autoren [gibt es] hunderte von eindeutigen Hinweisen darauf, dass das Umbringen von Kindern eine allgemein akzeptierte alltägliche Erscheinung war. Kinder wurden in Flüsse geworfen, in Misthaufen und Jauchegräben geschleudert, in Gefäßen eingemacht, um sie darin verhungern zu lassen, auf Bergen und an Wegrändern ausgesetzt als Beute für Vögel, Futter für wilde Tiere, die sie zerreißen würden« (deMause 1977, S. 12 u. 46).

Auch in früheren Zeiten waren Eltern durchaus zu Mitgefühl fähig und die Kinder ihnen nicht gleichgültig. Dennoch steht fest, dass Kinder die meiste Zeit in der Geschichte nicht als vollwertige Menschen galten. Kindheit wurde als Übergangsstadium, als Phase menschlicher Unvollkommenheit angesehen, die es möglichst schnell zu überwinden galt. Bezeichnend hierfür ist, dass die griechischen und lateinischen Worte für »Kind« – »pais« bzw. »puer« – zugleich auch »Sklave« und »Diener« bedeuten. Im patriarchalischen römischen Recht lag es in der Hand des Vaters (patria potestas = väterliche Gewalt), ein neugeborenes Kind anzunehmen oder eben nicht (ius vitae et necis = Recht über Leben und Tod). In vielen Fällen wurden Mädchen und fast immer behinderte Kinder nicht angenommen und waren damit dem Tode geweiht.

Tiefgreifende Veränderungen setzten mit dem Aufkommen der drei großen Weltreligionen Judentum, Christentum und Islam ein. Das Bild vom Kind veränderte sich nachhaltig und Kinder wurden zumindest vor Gott als den Erwachsenen gleichgestellte Menschen anerkannt. Infolge der sich allmählich durchsetzenden Fürsorgepflicht wurden Kindestötungen und Kindesaussetzungen verboten und erste Kinderschutzeinrichtungen gegründet. Trotz dieser Fortschritte blieb die allgemeine Haltung Kindern gegenüber ambivalent: Einerseits wurden Kinder als »rein« und »unschuldig« angesehen. Andererseits betrachtete man sie als triebhafte, sündige Wesen, denen der Teufel notfalls mit Gewalt ausgetrieben werden musste.

Im Zuge der Aufklärung wandelte sich dann das Bild vom Kind erneut. »Alles ist gut, wie es aus den Händen des Schöpfers kommt; alles entartet unter den Händen des Menschen« (Rousseau 1762/1983, S. 9), schmetterte Jean-Jacques Rousseau in seinem Erziehungsroman »Émile« den Herrschenden entgegen. Die Kindheit als Erfindung der Moderne – als Lebensabschnitt mit eigenen Bedürfnissen – war geboren. Sie wurde in Absetzung zur Welt der Erwachsenen als Schonraum angesehen, in der die von Natur aus guten Kinder ihren naturgegebenen Instinkten folgen können.

Neben der Anerkennung eines eigenständigen Lebensrechts des Kindes wurde die Auffassung vertreten, dass Kinder einer besonderen Förderung bedürfen. Kindergarten und Schule kamen als Orte der Erziehung zur Familie hinzu. Im 18., vor allem aber im 19. Jahrhundert wurden erste Arbeitsschutzgesetze erlassen, wenn auch häufig vor allem aus Sorge, nicht genügend brauchbaren Nachwuchs für Wirtschaft und Militär gewinnen zu können. Verbote von »grober« Misshandlung und »unangemessener« Züchtigung durch Eltern, Lehrkräfte, Lehrherren sowie Heim- und Gefängnispersonal sollten die schlimmsten Auswüchse von Gewalt gegen Kinder verhindern. Lebensbedingungen, Gesundheit und das Wohl der Kinder wurden zusammen mit der »sozialen Frage« zunehmend Gegenstand des öffentlichen Interesses.

Auch wenn in den sich überall bildenden Kinderbewahranstalten und Schulen, in Pflegefamilien, Rettungs- und Waisenhäusern weiterhin Zurichtung und Ausbeutung, nicht selten auch Misshandlung und sexualisierte Gewalt, dominierten, kam es parallel zu einer neuen Verherrlichung und Idealisierung des Kindes. In seinem »Hyperion« schreibt Friedrich Hölderlin: »Ein göttliches Wesen ist das Kind, solange es nicht in die Chamäleonsfarbe der Menschen getaucht ist. Es ist ganz, was es ist, und darum ist es schön. Der Zwang des Gesetzes und des Schicksals betastet es nicht; im Kind ist Freiheit allein. In ihm ist Frieden; es ist noch mit sich selbst nicht zerfallen. Reichtum ist ihn ihm; es kennt sein Herz, die Dürftigkeit des Lebens nicht. Es ist unsterblich, denn es weiß vom Tode nichts« (Hölderlin 1797/1981).

In der ersten Hälfte des 20. Jahrhunderts wurde dann allmählich eine Bewegung stärker, die eine umfassende Aufwertung der Stellung der Kinder forderte: Den Auftakt dieser neuen Kinderrechtsbewegung bildete die schwedische Pädagogin und Frauenrechtlerin Ellen Key mit ihrem im Jahr 1902 erschienenen Buch »Das Jahrhundert des Kindes«, in dem sie unter anderem das Recht jedes Kindes auf körperliche Unversehrtheit und gleiche Rechte für eheliche und uneheliche Kinder forderte.

Nach dem Ersten Weltkrieg verlangte der polnische Kinderarzt und Pädagoge Janusz Korczak das Recht des Kindes auf unbedingte Achtung seiner Persönlichkeit als Grundlage sämtlicher Kinderrechte. Als Leiter eines jüdischen Waisenhauses in Warschau forderte er umfassende Beteiligungsrechte für Kinder und überwand damit die Vorstellung einer allein von Schutz und Förderung geprägten Sichtweise zugunsten eines Bildes vom Kind, das von Gleichwertigkeit und Respekt geprägt wird. »Kinder werden nicht erst Menschen, sie sind es bereits« (Korczak 1899/2004, S. 50), lautete die Quintessenz seiner der damaligen Zeit weit vorauseilenden Anschauung. In seiner Schrift »Das Kind in der Familie« aus dem Jahr 1919 proklamierte Korczak eine von ihm sogenannte Magna Charta Libertatis der Rechte des Kindes, »die auf der Anerkennung seiner Unabhängigkeit, seiner Freiheit gegenüber dem Willen von Erwachsenen beruhen« (Kerber-Ganse 2009, S. 123).

1. Mit dem »Recht des Kindes auf den Tod« – das das Recht auf Leben voraussetzt und einschließt – markiert er die Unverfügbarkeit des Kindes gegenüber allen Versuchen von Erwachsenen, es für ihre Zwecke zu vereinnahmen.
2. Das »Recht des Kindes auf den heutigen Tag« zielt darauf ab, Kinder nicht im Hinblick auf ihr zukünftiges Leben als Erwachsene, sondern in ihrem Hier und Jetzt zu respektieren.
3. Das »Recht des Kindes, das zu sein, was es ist« als drittes von Korczak formuliertes Fundamentalrecht schließlich unterstreicht den Eigensinn und den Eigenwert jedes Kindes, dessen Subjektstatus von den Erwachsenen anerkannt werden muss.

Unter dem Eindruck massenhaften Kinderelends im Ersten Weltkrieg gründete die englische Grundschullehrerin Eglantyne Jebb 1920 das britische Komitee »Save the Children International Union« als ersten internationalen Lobbyverband für die Interessen von Kindern. Ihr in der Zeitschrift »The World's Children« veröffentlichtes Fünf-Punkte-Programm (Children's Charter) enthielt grundlegende Schutzverpflichtungen der Erwachsenen gegenüber den Kindern und endete mit der Aufforderung, Kinder im Geiste des internationalen Friedens zu erziehen.

Es gelang Jebb, die damals rund 50 Mitglieder des 1919 gegründeten Völkerbundes von ihrem Anliegen zu überzeugen. Die Vollversammlung des Völkerbundes übernahm die Children's Charter und verkündete 1924 die »Geneva Declaration«. Die Deklaration enthielt fünf Artikel, in denen die Staaten der Welt aufgefordert wurden, Bedingungen zu schaffen, damit jedes Kind in der Lage ist, »sich sowohl in materieller wie in geistiger Hinsicht in natürlicher Weise zu entwickeln« (BMFSFJ 2000, S. 33). Obwohl sie keine substanziellen Rechte enthielt und lediglich als unverbindlicher moralischer Appell formuliert wurde, erkannte die Genfer Deklaration zum ersten Mal auf internationaler Ebene die besondere Schutzbedürftigkeit von Kindern politisch an.

Nach den Rückschlägen durch Nationalsozialismus und die schrecklichen Folgen des Zweiten Weltkriegs setzten die Vereinten Nationen als Nachfolger des Völkerbundes die Beratungen fort. Ein überarbeiteter und auf zehn Artikel erweiterter Text der »Geneva Declaration« wurde am 20. November 1959 von der Vollversammlung der Vereinten Nationen als »Deklaration über die Rechte des Kindes« verabschiedet. In dieser ebenfalls noch nicht rechtsverbindlichen Deklaration wird das Kind erstmals auf internationaler Ebene als Träger:in eigener Rechte bezeichnet. In Artikel 2 wird der Begriff des Kindeswohls (»best interests of the child«) aufgegriffen: Bei der Einführung von Kinderschutzgesetzen soll das Wohl des Kindes ausschlaggebend sein. Artikel 7 sieht vor, dass sich alle, die Verantwortung für die Erziehung von Kindern tragen – darunter in erster Linie die Eltern –, am Kindeswohl als Richtschnur ihres Handelns orientieren.

Vor dem Hintergrund großer Hungerkatastrophen und zunehmender weltweiter Berichte über Gewalt gegen Kinder nahmen sich die Vereinten Nationen in den 1970er-Jahren erneut der Sache der Kinder an. Anlässlich des sich ankündigenden 20. Jahrestages der Verabschiedung der »Deklaration über die Rechte des Kindes« beschloss die UN-Vollversammlung, das Jahr 1979 zum »Internationalen Jahr des Kindes« auszurufen. Wegen der Spannungen zwischen Ost und West fiel eine Einigung über die zu treffenden Maßnahmen zunächst schwer. Während die Länder des damaligen Ostblocks den Schwerpunkt auf eine Verabschiedung wirtschaftlicher und sozialer Rechte legen wollten, konzentrierten sich die westlichen Länder auf die Umsetzung der klassischen Freiheitsrechte. Umstritten war auch, ob die bestehende Deklaration von 1959 lediglich erweitert werden oder ob die Neuformulierung einer völkerrechtlich verbindlichen Konvention das Ziel sein sollte.

Auf Initiative Polens hin schlug die Menschenrechtskommission der Vereinten Nationen vor, eine »offene Arbeitsgruppe« einzurichten, der alle Mitgliedsstaaten angehören konnten. Die übrigen Staaten waren als Beobachter geladen. Die Vollversammlung schloss sich dem Vorschlag an und beauftragte daraufhin die Arbeitsgruppe, eine Kinderrechtskonvention zu erarbeiten. An den Beratungen beteiligten sich immer mehr Staaten – darunter seit 1981 die Bundesrepublik Deutschland und seit 1984 die Deutsche Demokratische Republik – sowie eine wachsende Zahl von Nichtregierungsorganisationen.

Nach insgesamt zehnjähriger Arbeit einigte sich die Arbeitsgruppe schließlich im Februar 1989 auf einen Entwurf. Am 20. November 1989 – auf den Tag genau 30 Jahre nach Verabschiedung der Deklaration von 1959 – wurde dann in der 44. Vollversammlung der Vereinten Nationen die Konvention über die Rechte des Kindes einstimmig verabschiedet. Das Übereinkommen ist insofern einmalig, als es die bisher größte Bandbreite fundamentaler Menschenrechte – ökonomische, soziale, kulturelle, zivile und politische – in einem einzigen Vertragswerk zusammenbindet. Die in den 54 Artikeln dargelegten völkerrechtlich verbindlichen Mindeststandards haben zum Ziel, weltweit die Würde, das Überleben und die Entwicklung von Kindern und damit von mehr als der Hälfte der Weltbevölkerung sicherzustellen.

ÜBERBLICK

Wandel im gesellschaftlichen Bild vom Kind

Antike (Römisches Reich)	Kind als Eigentum des Vaters (patria potestas, ius vitae et necis)
Moderne (Aufklärung)	Kind als Objekt von Bildung und Erziehung (»Erfindung der Kindheit«)
Postmoderne (Globalisierung)	Kind als (Rechts-)Subjekt (Individualisierung)

Mit der Verabschiedung und beinahe universellen Ratifikation der UN-Kinderrechtskonvention wurde erstmals in der Geschichte der Menschheit anerkannt, dass Kinder sowohl den Erwachsenen gleich als auch aufgrund spezifischer kindlicher Bedürfnisse von ihnen verschieden sind. Kindheit definiert sich demnach gerade im Unterschied zur Welt der Erwachsenen. Bei der Bestimmung des Verhältnisses zwischen Kindern und Erwachsenen geht es also sowohl um Gleichberechtigung als auch um Anerkennung der Verschiedenheit.

Einerseits sind Kinder von Beginn an Menschen und daher ohne Einschränkung Träger:innen aller Menschenrechte. Werden der Status des Menschseins und die damit verbundenen Menschenrechte als Maßstab des Vergleichs genommen, sind Kinder insofern den Erwachsenen gleich. Dies folgt aus der Tatsache, dass Gleichheit immer nur in Hinsicht auf ein zu definierendes Drittes (tertium comparationis) – in diesem Fall die Eigenschaft, Mensch zu sein – festgestellt werden kann. Denn der Begriff der Gleichheit »bezeichnet nicht eine konkrete Realität, sondern ein bestimmtes Verhältnis zwischen Personen […], die grundsätzlich verschieden voneinander sind: sie sollen in einer bestimmten Hinsicht als gleich betrachtet oder behandelt werden« (Prengel 2006, S. 9).

Andererseits unterscheiden sich Kinder zweifellos von den Erwachsenen. Kinder sind keine kleinen Erwachsenen. Als »Seiende« sind sie einerseits Menschen wie alle anderen auch. Als »Werdende« sind sie andererseits Menschen in einer besonders dynamischen Entwicklungsphase. Das Verhältnis zwischen Erwachsenen und Kindern ist asymmetrisch: Erwachsene tragen Verantwortung für Kinder, nicht jedoch umgekehrt Kinder in gleicher Weise für Erwachsene. Aufgrund der Entwicklungstatsache brauchen Kinder besonderen Schutz, besondere Förderung und besondere, kindgerechte Beteiligungsformen. Für eine gesunde Entwicklung sind sie auf Erwachsene angewiesen, die Verantwortung dafür übernehmen, dass die Kinder zu ihrem Recht kommen.

ÜBERBLICK

Das Verhältnis zwischen Kindern und Erwachsenen

Gleichheit	Kinder sind wie Erwachsene Menschen.
Verschiedenheit	Kinder sind keine kleinen Erwachsenen; sie haben entwicklungsbedingt spezifische Bedürfnisse.

An die Anerkennung einer »Eigenwelt der Kindheit« knüpft sich untrennbar der Respekt vor den kindlichen Formen von Sexualität im Unterschied zur Erwachsenensexualität. Daher ist es nur konsequent, das Verbot sexueller Beziehungen zwischen Eltern und Kindern auf nicht-verwandte Erwachsenen-Kind-Beziehungen auszudehnen und Sexualität zwischen Erwachsenen und Kindern mit einem generellen Tabu zu belegen. Diese Auffassung spiegelt sich auch in unserer heutigen Rechtsordnung wider.

Dabei gilt das Verbot sexueller Beziehungen zwischen Erwachsenen und Kindern unabhängig von der Frage des Einverständnisses. Zwar hat sich im Verhältnis zwischen Erwachsenen eine Verhandlungsmoral etabliert, nach der in sexueller Hinsicht alles erlaubt ist, was zwischen einverständnisfähigen Menschen einverständlich stattfindet. Dies gilt jedoch nicht in gleicher Weise für Kinder. Auch dann, wenn Kinder sexuellen Kontakten mit Erwachsenen (angeblich) zugestimmt haben und die sexuellen Handlungen scheinbar einvernehmlich stattfinden, sind diese zu Recht mit einem ausnahmslosen Verbot belegt. Da Kinder aufgrund ihres Kindseins die Tragweite eines Einverständnisses nicht überblicken können und daher auf den Schutz durch verantwortliche Erwachsene angewiesen sind, bleiben sexuelle Kontakte gleich welcher Art mit Kindern für Erwachsene tabu.

1.2 Merkmale kindlicher Sexualität

Dass Kinder in der Beschäftigung mit sich selbst und im Zusammensein mit anderen Körperfreude und Körperlust empfinden, springt unmittelbar ins Auge. Ebenso eindeutig ist, dass sich kindliche Formen körperlicher Lust grundlegend von Erwachsenensexualität unterscheiden. Wenn daher im Folgenden von kindlicher Sexualität gesprochen wird, dann in einem weiten Sinne, der sich deutlich von einem engen Verständnis und dem verkürzten Begriff »Sex« abhebt.

Sexualität als ein zentraler Aspekt des Menschseins

Die Weltgesundheitsorganisation (World Health Organisation, WHO) hat ihrer Definition von Sexualität ein weites Verständnis zugrunde gelegt, das unterschiedliche Dimensionen des Menschseins umfasst und sämtliche Lebensalter einbezieht: »Sexualität bezieht sich auf einen zentralen Aspekt des Menschseins über die gesamte Lebensspanne hinweg, der das biologische Geschlecht, die Geschlechtsidentität, die Geschlechterrolle, sexuelle Orientierung, Lust, Erotik, Intimität und Fortpflanzung einschließt. Sie wird erfahren und drückt sich aus in Gedanken, Fantasien, Wünschen, Überzeugungen, Einstellungen, Werten, Verhaltensmustern, Praktiken, Rollen und Beziehungen. Während Sexualität all diese Aspekte beinhaltet, werden nicht alle ihre Dimensionen jederzeit erfahren oder ausgedrückt. Sexualität wird beeinflusst durch das Zusammenwirken biologischer, psychologischer, sozialer, wirtschaftlicher, politischer, ethischer, rechtlicher, religiöser und spiritueller Faktoren« (WHO, zitiert nach BZgA 2011, S. 18).

Was aber ist unter spezifisch kindlicher Sexualität zu verstehen? Welche Merkmale kennzeichnen sie? Was ist das Besondere an ihr und in welcher Weise unterscheidet sie sich von erwachsener Sexualität? Zu den typischen Kennzeichen kindlicher Sexualität gehören:

Ganzheitliches Erleben mit allen Sinnen: Kinder erkunden die Welt um sie herum ganzheitlich und mit allen Sinnen. Dabei beziehen sie ihren eigenen Körper und andere Kinder spielerisch mit ein. Sinnesempfindungen, Gefühle und Gedanken mischen sich auf einem Kontinuum, das zwischen den Polen »Wohlsein« und »Unwohlsein« angesiedelt ist. Erst allmählich sind Kinder in der Lage, zwischen unterschiedlichen Wahrnehmungen, Emotionen und Überlegungen zu differenzieren.

Spiel und Spontaneität: Das spielerische Entdecken des eigenen Körpers und die Einbeziehung anderer Kinder ist Teil der allgemeinen kindlichen Spielfreude. Kindliches Spiel kennt keinen Zweck außerhalb sich selbst und ist von Spontaneität und Fantasie geprägt. Auch sogenannte Körpererkundungsspiele und gemeinschaftliche Rollenspiele (z. B. Vater-Mutter-Kind-Spiele) gehören dazu.

Angesiedelt im Hier und Jetzt: Kinder empfinden körperliche Lust beim Bewegen, Toben und Schmusen. Dabei vergessen sie häufig Raum und Zeit um sich herum und genießen den Moment im Hier und Jetzt. Die Freude am eigenen Körper und das Empfinden körperlicher Lust sind nicht an einem Ziel in der Zukunft orientiert.

Ich-Bezogenheit: Die kindlichen Aktivitäten sind in erster Linie darauf ausgerichtet, sich selbst wohlzufühlen. Auch wenn Kinder das Zusammensein mit anderen suchen, dominiert der Ich-Bezug. Dies gilt auch für das Entdecken des Körpers bei sich und anderen. Nicht das Verlangen, zu dem Gegenüber eine sexuelle Beziehung aufzubauen, oder gar (wie bei Erwachsenen) das Begehren einer anderen Person stehen im Mittelpunkt, sondern Neugier und der Wunsch, sich selbst gut zu fühlen.

Nähe und Geborgenheit: Kinder haben ein tiefes Bedürfnis, anerkannt und geliebt zu werden. Körperliche Nähe zu vertrauten Personen und das Empfinden von Sicherheit und Schutz tragen dazu bei, dass diese Bedürfnisse erfüllt werden. Das Streben von Kindern nach Körperkontakt steht vor allem im Dienst ihrer Wünsche nach Nähe und Geborgenheit.

Unbefangenheit: Das unbefangene Erkunden des eigenen Körpers einschließlich des Genitals sowie Rollen- und Körpererkundungsspiele mit anderen Kindern sind Bestandteile normaler psychosexueller Entwicklung, die wichtige Lernerfahrungen darstellen. Aus erwachsener Perspektive handelt es sich hierbei um (altersgerechte) sexuelle Aktivitäten. Die Kinder selbst ordnen ihr Handeln jedoch nicht als »sexuell« ein. Das Genitalspiel zum Beispiel empfinden sie einfach nur als angenehm, ohne sich dabei weitere Gedanken zu machen.

Unterschiede zwischen kindlicher Sexualität und Erwachsenensexualität

ÜBERBLICK

Kindliche Sexualität	Erwachsenensexualität
Spielerisch, spontan	Absichtsvoll, zielgerichtet
Nicht auf zukünftige Handlungen ausgerichtet	Auf Entspannung und Befriedigung hin orientiert
Erleben des Körpers mit allen Sinnen	Eher auf genitale Sexualität ausgerichtet
Egozentrisch	Beziehungsorientiert
Wunsch nach Nähe und Geborgenheit	Verlangen nach Erregung und Befriedigung
Unbefangenheit	Befangenheit
Sexuelle Handlungen werden nicht bewusst als Sexualität wahrgenommen	Bewusster Bezug zu Sexualität

Kinder von Geburt an als sexuelle Wesen anzuerkennen, bedeutet auch, den Mythos vom angeblich »unschuldigen« bzw. »reinen« Kind aufzugeben. Die Vorstellung, dass Kinder »unbelastet« von sexuellen Empfindungen, Gedanken und Handlungen aufwachsen könnten, ist eine realitätsferne Fiktion, die ihnen nicht gerecht wird und sogar Schaden zufügen kann. Sexualität mit Schuld, Unreinheit und Unanständigkeit zu verbinden, ist Bestandteil einer körper- und lustfeindlichen Sexualmoral und verkennt die große Bedeutung einer altersgemäßen und Grenzen wahrenden Sexualität für Wohlergehen und Lebensfreude.

Sexualität gehört von Beginn an zur Entwicklung jedes Kindes

GRUNDLAGEN

Sexualität beginnt nicht erst »später«, also etwa in der Zeit der Pubertät, sondern gehört als menschliches Grundbedürfnis von Beginn an zur Entwicklung jedes Kindes. Sie ist kein Vorrecht von Jugendlichen und Erwachsenen, sondern durchzieht das gesamte Leben. Allerdings äußert sich Sexualität je nach Alter, Reife und Entwicklungsphase in sehr unterschiedlichen Formen. Erwachsene haben die wichtige Aufgabe, die kindliche Sexualität in ihrer Besonderheit und Eigenständigkeit zu erkennen und wertzuschätzen.

1.3 Psychosexuelle Entwicklung des Kindes

Kinder stehen am Beginn einer Reifungsentwicklung, die das ganze Leben über anhält und durch alterstypische Phasen gekennzeichnet ist. Ihre körperliche, seelische und geistige Reifung ist eingebettet in einen Rahmen gesellschaftlicher und kultureller Überzeugungen und Normen, in die das Kind allmählich hineinwächst und in denen es sich zurechtfinden muss (Sozialisation). Die psychosexuelle Entwicklung ist ein wichtiger Bestandteil der allgemeinen Persönlichkeitsentwicklung. Sie verläuft besonders in den ersten Lebensjahren rasant und bei jedem Kind auf individuell unverwechselbare Art und Weise.

Für ein Verständnis der sexuellen Entwicklung des Kindes ist es sinnvoll, zwischen Geschlecht als biologischer Voraussetzung (sex) und Geschlecht als gesellschaftlich-kultureller Ausdrucksform (gender) zu unterscheiden. Diese Differenzierung trägt der Tatsache Rechnung, dass die biologischen Merkmale keineswegs allein darüber entscheiden, welchem Geschlecht ein Mensch zugewiesen wird, auf welche Weise das Geschlecht und die Geschlechtszugehörigkeit subjektiv erlebt werden und wie ein Mensch seine Geschlechtlichkeit lebt und nach außen hin präsentiert. Während das körperliche Geschlecht die biologischen Voraussetzungen der Geschlechtlichkeit angibt, beziehen sich das soziale, psychologische und kulturelle Geschlecht auf die soziale Zuweisung eines Geschlechts (»Es ist ein Junge/Mädchen!«), die subjektiv erlebte Geschlechtsidentität und die sozial präsentierte Geschlechtsrolle.

Dimensionen von Geschlecht

ÜBERBLICK

Körperliches Geschlecht (sex)	Biologische Voraussetzungen der Geschlechtlichkeit
Soziales, psychologisches und kulturelles Geschlecht (gender)	Soziale Zuweisung des Geschlechts, subjektiv erlebte Geschlechtsidentität und sozial präsentierte Geschlechtsrolle

Die körperliche Geschlechtsentwicklung beginnt mit der Zeugung und durchläuft bereits vorgeburtlich entscheidende Phasen. Mit der Verschmelzung von Eizelle und Samenzelle verbindet sich die genetische Geschlechtsfestlegung, das heißt die Bestimmung des chromosomalen Geschlechts. Bis etwa zur zwölften Schwangerschaftswoche haben die Geschlechtsanlagen das Potenzial, sich sowohl männlich als auch weiblich zu entwickeln. Im Anschluss daran bilden sich in Abhängigkeit von der Hormonausschüttung die inneren und äußeren Genitalien heran. Die Keimdrüsen (Gonaden) entwickeln sich in der Regel zu Eierstöcken (Ovarien) oder aber zu Hoden (Testes) und Hodensack. Zum Zeitpunkt der Geburt sind die primären körperlichen Geschlechtsmerkmale dann bereits ausgebildet: Penis, Hoden, Nebenhoden und Samenwege beim Mann bzw. Eierstöcke, Eileiter, Gebärmutter und Vagina bei der Frau.

Ein zweiter Schub in der körperlichen Geschlechtsentwicklung erfolgt in der Pubertät und Adoleszenz. Deutliche hormonelle Veränderungen bewirken die Herausbildung der sekundären körperlichen Geschlechtsmerkmale. Dazu gehören beim Mann der Bartwuchs, bei der Frau die Brust sowie bei beiden Geschlechtern die Herausbildung der Schambehaarung, verbunden mit einer rasch zunehmenden sexuellen Reaktionsfähigkeit. Die in dieser Altersspanne auftretenden Veränderungen im jeweiligen Körperbau, zum Beispiel Körpergröße und Beckenform, werden als tertiäre körperliche Geschlechtsmerkmale bezeichnet.

In den vergangenen Jahrzehnten hat bei beiden Geschlechtern eine Beschleunigung (Akzeleration) der körperlichen sexuellen Reifung stattgefunden. Die erste Monatsblutung (Erstmenstruation/Menarche) erleben Mädchen heute meist im Alter zwischen etwa 11,5 und 14,5 Jahren und damit rund zwei Jahre früher als noch vor zweihundert Jahren. Der entsprechende Zeitpunkt für den ersten Samenerguss (Erstejakulation/Ejakularche) bei den Jungen liegt durchschnittlich bei etwa 13,5 Jahren. Mit diesen körperlichen Entwicklungen verbunden ist das Erlangen der Geschlechtsreife bei Mädchen (Empfängnisfähigkeit) und Jungen (Zeugungsfähigkeit).

ÜBERBLICK

Entwicklung der körperlichen Geschlechtsmerkmale

Verschmelzung von Eizelle und Samenzelle (Zeugung)	Genetische Geschlechtsfestlegung (chromosomales Geschlecht)
Embryonalperiode (1. bis 2. Monat)	Entwicklung der Keimdrüsen (Gonaden)
Fetalperiode (3. bis 9. Monat)	Ausbildung der primären Geschlechtsmerkmale: Penis, Hoden, Nebenhoden, Samenwege (Junge); Eierstöcke, Eileiter, Gebärmutter, Vagina (Mädchen)

Pubertät	Entwicklung der sekundären Geschlechtsmerkmale: Bartwuchs, Schambehaarung (Junge); Brust, Schambehaarung (Mädchen)
Geschlechtsreife	Mädchen: Erstmenstruation, Empfängnisfähigkeit Jungen: Erstejakulation, Zeugungsfähigkeit
Adoleszenz	Entwicklung der tertiären Geschlechtsmerkmale: u. a. Körpergröße, Beckenform

Es ist das Verdienst von Sigmund Freud, dem Begründer der Psychoanalyse, als einer der Ersten die Sexualität des Kindes wissenschaftlich untersucht und theoretisch fundiert zu haben. Da Kinder mit ausgebildeten Genitalien zur Welt kommen, ging Freud davon aus, dass es schon aus biologischer Perspektive sehr unwahrscheinlich wäre, wenn Kinder kein Sexualleben – sexuelle Erregungen, Bedürfnisse und eine Art der Befriedigung – hätten. Seine Beobachtungen von Kindern sowie Gespräche mit erwachsenen Patient:innen führten ihn zu einem Verständnis von Sexualität, das sich nicht auf erwachsene Formen reduziert.

Frühkindliche (infantile) Formen der Sexualität sind Freud zufolge vielgestaltig (polymorph) und zielen nicht auf die genitale, potenziell reproduktive Vereinigung von Mann und Frau. Da er alle Sexualformen, die nicht der Fortpflanzung dienen, in einem nicht wertenden Sinne als »pervers« (vom Ziel der genitalen Vereinigung abgewendet) verstand, bezeichnete er die infantile Sexualität als »polymorph pervers«. Weiterhin ging Freud davon aus, dass die kindliche Sexualität überwiegend auf den eigenen Körper gerichtet ist und sich daher vor allem autoerotisch äußert.

Die Psychoanalyse spricht von einer Zweizeitigkeit der kindlichen Sexualentwicklung: Im Anschluss an die sich in den ersten Lebensjahren stürmisch entwickelnde frühkindliche Sexualität kommt es bei Kindern zwischen dem sechsten und etwa zehnten Lebensjahr zu einer relativen Ruhe (Latenz), wenn auch nicht zu einem vollständigen Erlöschen der sexuellen Betätigung. Im Verlauf der Pubertät flammt das sexuelle Interesse wieder auf. In einer erneut stürmischen Entwicklungsphase dauert es dann einige Jahre, bis sich die vielgestaltigen Lust- und Befriedigungsformen allmählich dem Genitalprimat als Zielpunkt der Sexualentwicklung unterordnen.

Mit den Begriffen Oralität, Analität und Genitalität wurden von Freud unterschiedliche Modalitäten beschrieben, mit denen sich das Kind Lust und Befriedigung verschafft. Die Begriffe weisen auf zentrale erogene Zonen hin (Mundbereich,

Ausscheidungsorgane, Genitalien), die das Kind im Verlauf seiner Entwicklung entdeckt und in einer typischen Stufenfolge als altersspezifisch bevorzugte, Lust erregende Körperteile für sich nutzt.

Eine erste Quelle der Lust findet der Säugling beim Saugen an der Mutterbrust bzw. Flasche. Dass es dabei keineswegs nur um Nahrungsaufnahme und das Stillen des Hungergefühls geht, zeigt sich daran, dass auch gesättigte Säuglinge mit Vorliebe saugen und lutschen, Gegenstände mit dem Mund erkunden und sich einverleiben (wollen) sowie den Schnuller als Möglichkeit der Selbstberuhigung und Selbstbefriedigung für sich entdecken. Sigmund Freud beschrieb diesen Vorgang wie folgt: »Wir erfahren also, dass der Säugling Handlungen ausführt, die keine andere Absicht als die des Lustgewinns haben. Wir glauben, dass er diese Lust zuerst bei der Nahrungsaufnahme erlebt, aber bald gelernt hat, sie von dieser Bedingung abzutrennen. Wir können den Lustgewinn nur auf die Erregung der Mund- und Lippenzone beziehen, heißen diese Körperteile erogene Zonen und bezeichnen die durch Lutschen erzielte Lust als eine sexuelle« (Freud 1917, S. 324).

Im zweiten und dritten Lebensjahr entdecken Kleinkinder den Analbereich als weitere Quelle der Lust. Der Wechsel von Festhalten und Loslassen bzw. von Spannung und Entspannung spielt dabei ebenso eine wichtige Rolle wie das neugierige Erkunden der Grenzen zwischen Innen und Außen und zwischen dem Ich und dem Anderen. Unbefangen erkunden Kinder ihre Ausscheidungsprodukte, die sie lustvoll »für sich behalten« oder aber anderen »schenken« wollen.

Im vierten und fünften Lebensjahr entwickeln Kinder üblicherweise ein gesteigertes Interesse an ihren Genitalien. Sie sind sich der Geschlechtsunterschiede zwischen Jungen und Mädchen und der körperlichen Merkmale bei Männern und Frauen bewusst und fragen sich, woher die Kinder kommen, wie diese wohl »gemacht« werden und wie es sich bei ihnen selbst angefühlt haben mag, im Bauch der Mutter heranzuwachsen und geboren zu werden. Immer deutlicher entdecken und erfahren sie ihre eigene Geschlechtlichkeit. Damit verbunden müssen sie ihre zunächst vorhandenen Vorstellungen, beide Geschlechter in sich zu vereinigen (bisexuelle Omnipotenzfantasien), aufgeben und sich damit arrangieren, »nur« einem Geschlecht anzugehören. Die meisten Kinder spielen in diesem Alter gerne mit ihren Genitalien und genießen die damit verbundene Erregung. Manche Jungen und Mädchen masturbieren regelmäßig und machen die Erfahrung, sich auf diese Weise selbst Lust verschaffen zu können.

Die Psychoanalyse geht davon aus, dass die infantile Sexualität in der Herausbildung und schließlich Überwindung des sogenannten Ödipuskomplexes gipfelt. Hiermit ist gemeint, dass das Kind in Anlehnung an den Ödipus-Mythos den jeweils gegengeschlechtlichen Elternteil begehrt und in Konkurrenz zum gleichgeschlechtlichen Elternteil tritt. Weil die kindlichen Gefühle gegenüber beiden Elternteilen zumeist ambivalent sind und aus einer Mischung von Zuneigung und Ablehnung (Liebe und Hass) bestehen, ist parallel auch die umgekehrte Konstellation möglich, der zufolge das Kind den gleichgeschlechtlichen Elternteil für sich beansprucht und den gegengeschlechtlichen Elternteil ausgrenzen will (negativer Ödipuskomplex).

Da die Eltern das kindliche Begehren nicht erwidern und ihre Paarbeziehung vom Kind nicht ausgehebelt werden kann, besteht die kindliche Lösung des Ödipuskomplexes üblicherweise in der Herausbildung einer stabilen psychischen Struktur: Das Kind identifiziert sich mit dem Elternteil, dessen Geschlecht es teilt, verdrängt seine inzestuösen Wünsche und akzeptiert die Generationengrenze. Es verschiebt die Realisierung seiner sexuellen Wünsche auf eine spätere Zeit, in der es seiner Reifung entsprechend Sexualpartner:innen außerhalb der Familie wählen kann. Eine Zeit relativer Ruhe beginnt, die wenige Jahre später von den Gefühlsstürmen der Pubertät abgelöst wird.

ÜBERBLICK

Stadien der psychosexuellen Entwicklung des Kindes nach Sigmund Freud

Stadium	Bevorzugte erogene Zone
Oralität (1. Lebensjahr)	Mund, Lippen
Analität (2. und 3. Lebensjahr)	Anus
Phallizität/Genitalität (4. und 5. Lebensjahr)	Penis bzw. Klitoris/Vagina; Herausbildung und Überwindung des Ödipuskomplexes
Latenz (6. bis 10. Lebensjahr)	Vorübergehender Rückgang des Sexualinteresses und der Sexualbetätigung
Pubertät (11. bis 14. Lebensjahr)	Intensivierung der sexuellen Erregung; Herausbildung des Genitalprimats

Im Anschluss an Sigmund Freud wurden innerhalb und außerhalb der Psychoanalyse die Beobachtungen und Theorien zur psychosexuellen Entwicklung des Kindes in vieler Hinsicht weiterentwickelt und verfeinert. Vor allem der Einfluss früher Beziehungserfahrungen, die Fantasien der Eltern über die Geschlechtlichkeit des Kindes, kognitive und sprachliche Fähigkeiten des Kindes sowie gesellschaftliche und kulturelle Muster sowie Zuschreibungen wurden zunehmend in ihrer Bedeutung erkannt.

Besonders großen Einfluss hatte die Theorie der sogenannten Kerngeschlechtsidentität, die der amerikanischen Psychoanalytiker Robert Stoller formulierte (vgl. Fiedler 2010). Anders als Freud nahm er an, dass das Kind schon sehr früh zwischen männlich und weiblich unterscheidet und bereits gegen Ende des zweiten Lebensjahres ein geschlechtsgebundenes Selbstkonzept (Kerngeschlechtsidentität) entwickelt hat. Verantwortlich dafür sind Stoller zufolge in erster Linie frühe Beziehungserfahrungen im Rahmen der Eltern-Kind-Beziehungen sowie andere soziale Erfahrungen, zum Beispiel mit Geschwistern und Betreuungspersonen.

1.4 Geschlechtsidentität und Geschlechtsrolle

Der Begriff Geschlechtsidentität (gender identity) bezeichnet das Wissen und das Bewusstsein, einem bestimmten Geschlecht (sex) anzugehören. Der Begriff der Geschlechtsrolle (gender role) meint das äußerliche geschlechterbezogene Verhalten, welches in der Gesellschaft gezeigt wird – die Rolle, die gespielt wird, insbesondere im Zusammensein mit anderen Menschen. Sowohl die Geschlechtsidentität als auch die Geschlechtsrolle haben Einfluss auf die spätere sexuelle Orientierung, ohne dass dadurch allerdings bereits eine Festlegung erfolgt.

ÜBERBLICK

Geschlechtsidentität und Geschlechtsrolle

Geschlechtsidentität (gender identity)	Wissen und Bewusstsein, einem Geschlecht anzugehören
Geschlechtsrolle (gender role)	Geschlechterbezogene Rolle, die im Zusammensein mit anderen gezeigt/gespielt wird

Spätestens mit der Geburt werden Kinder in der Regel auf ein Geschlecht festgelegt, zumeist anhand des aktuellen Zustands der äußeren Geschlechtsorgane. Die Eltern und weitere für das Kind wichtige Personen übernehmen diese Festlegung und richten ihr Verhalten danach aus, je nachdem ob es sich um ein Mädchen oder um einen Jungen handelt. Die Wahl des Vornamens und der Kleidung, die Gestaltung des Kinderzimmers, Spielsachen und Geschenke sowie generell der Umgang mit dem Kind werden vor dem Hintergrund kultureller Konventionen geschlechtstypisch empfunden, gedacht und entschieden.

Der von Alice Schwarzer bereits 1975 beschriebene »Kleine Unterschied und seine großen Folgen« findet hier seinen Ausgangspunkt. Mädchen bzw. Jungen sind nicht als »typische« Mädchen bzw. Jungen geboren, sondern werden im Verlauf ihrer Sozialisation, das heißt im Zuge des Hineinwachsens in Familie, Gesellschaft und Kultur, erst dazu gemacht. Was ein Kind fühlen und empfinden, tun und unterlassen soll, wird danach beurteilt, ob dies mit der ihm zugewiesenen Geschlechtsrolle in Übereinstimmung steht.

Unter dem Stichwort des »Doing Gender« hat die moderne Geschlechterforschung diesen Ansatz weiter ausgearbeitet. Das Konzept versteht geschlechtstypisches Verhalten weder als natürliches noch als ausschließlich erworbenes Merkmal, sondern als aktive Herstellungsleistung einer Person in einer sozialen Situation. Wie »Mann« bzw. »Frau« sich verhält, ist dem Gender-Ansatz zufolge das Ergebnis einer sozialen Interaktion, die von den Beteiligten (mit-)gestaltet werden kann und durch sie verantwortet wird.

ÜBERBLICK

Typisch männlich/weiblich: Zusammenspiel von Individuum und Gesellschaft

Geschlechtstypische Sozialisation	Erwartungen der Gesellschaft an »männliches« bzw. »weibliches« Verhalten
Geschlecht als Herstellungsleistung (Doing Gender)	Geschlechtsbezogenes Verhalten als Ergebnis einer sozialen Interaktion

Kinder wachsen in die an sie gestellten Geschlechtsrollenerwartungen hinein und greifen diese bereitwillig auf. Aus Experimenten ist bekannt, dass Säuglinge etwa ab dem dritten Monat, spätestens jedoch im Alter von sechs Monaten die Stimmen von Männern und Frauen unterscheiden können. Mit neun bis zwölf Monaten sind sie in der Lage, männliche und weibliche Gesichter auseinanderzuhalten. In diesem Alter können sie auch bereits angeben, welche Stimmen und Gesichter zusammengehören. Am Ende des zweiten Lebensjahres halten Kinder die Geschlechter in der Regel gut auseinander. Sie haben ein Wissen darüber entwickelt, welche Gegenstände und Verhaltensweisen typischerweise zu welchem Geschlecht gehören, und zeigen im Spiel klare geschlechtstypische Vorlieben.

In der Altersspanne von drei bis sechs Jahren wächst dann die Fähigkeit der Kinder, Geschlechtskategorien zu verwenden, rasch an. Sehr schnell erweitern die Kinder »ihr Wissen über die in ihrer Kultur mit den beiden Geschlechtsgruppen assoziierten Attribute. Sie entwickeln die Überzeugung, dass bestimmte Gegenstände, Aktivitäten oder Eigenschaften besser zum einen als zum anderen Geschlecht passen. Die Entwicklung dieser Geschlechterstereotype erfolgt bei Mädchen und Jungen etwa gleich schnell, und auch der Inhalt der Stereotype weist große Ähnlichkeiten auf« (Trautner 2008, S. 635). Kinder lernen, dass jedes menschliche Empfinden und Verhalten eine geschlechtliche Färbung hat. Sogar im übertragenen (metaphorischen) Sinne sind Kinder in diesem Alter schon in der Lage, bestimmten Gegenständen ein Geschlecht zuzuordnen, ohne dass dafür objektive Anhaltspunkte vorliegen. So werden etwa große, spitze, dunkle und raue Gegenstände von ihnen eher als männlich – kleine, runde, helle und weiche Objekte dagegen eher als weiblich klassifiziert.

Besonders rigide erfolgt eine nach Geschlechtern getrennte Zuordnung typischerweise im vierten und fünften Lebensjahr, da viele Kinder in diesem Alter zu starren Zuschreibungen neigen (»So etwas tun Mädchen/Jungen nicht«). In diesem Alter haben praktisch alle Kinder eine gefestigte Geschlechtsidentität ausgebildet. Die meisten von ihnen legen großen Wert darauf, einem Geschlecht anzugehören, das sich vom jeweils anderen deutlich unterscheidet. Darüber hinaus sind die Jungen und Mädchen in der Lage zu erkennen, dass ihre Zugehörigkeit zu einem Geschlecht auch dann erhalten bleibt, wenn sie sich wünschen, dem anderen Geschlecht anzugehören, ihre äußere Erscheinung verändern oder ein geschlechtsuntypisches Verhalten zeigen (Geschlechterkonstanz).

Kognitive Geschlechtsrollenentwicklung
(nach Kohlberg, zitiert nach Schweizer & Richter-Appelt 2010)

Alter	Entwicklungsstufe
15 bis 18 Monate	Geschlechtsfeststellung (gender labeling)
24 Monate	Geschlechtsidentität (gender identity)
3 bis 4 Jahre	Geschlechtsrollenstereotypen (gender role stereotypes)
4 Jahre	Geschlechtsstabilität (gender stability)
5 bis 6 Jahre	Geschlechterkonstanz (gender constancy)

1.5 Intersexualität - Transsexualität - Homosexualität

Die anscheinend natürliche Zweigeschlechtlichkeit, die nur männlich oder weiblich kennt, erscheint so selbstverständlich, dass sie im Alltag häufig nicht hinterfragt wird. Bei genauerer Betrachtung erweist sich die Dichotomie eines Entweder-oder jedoch als Trugbild. Weder in biologischer noch in psychologischer, sozialer und kultureller Hinsicht existiert eine vorab festgelegte und auf Dauer beständige Eindeutigkeit der Geschlechtszuweisung. Gleiches gilt für die sexuelle Orientierung von Menschen, die sehr unterschiedliche Verläufe nehmen kann.

Intersexualität

Schätzungen gehen davon aus, dass in Deutschland jährlich mehrere Hundert Kinder geboren werden, deren primäre Geschlechtsorgane eine einfache Zuordnung zu männlich oder weiblich nicht zulassen. Bei diesen intersexuellen Kindern entsprechen die körperlichen Geschlechtsmerkmale (Genitalien, Chromosomen oder das Mengenverhältnis der Hormone) nicht sämtlich einem Geschlecht. Seit 2018 haben intersexuelle Menschen (bzw. deren Eltern) in Deutschland die Möglichkeit, im Personenstandsregister außer »männlich« und »weiblich« die sogenannte »Dritte Option« zu wählen: »divers«.

Von ärztlicher Seite wurde lange Zeit empfohlen, intersexuell geborene Kinder operativ einem Geschlecht zuzuordnen, mit dem Ziel, einen möglichst »eindeutigen« weiblichen oder männlichen Körper herzustellen. Das Leid und die Proteste vieler betroffener Kinder und Eltern sowie die Erkenntnis, dass zwischen Genitalaussehen und Herausbildung der Geschlechtsidentität kein zwingender Zusammenhang besteht, haben hier zu einem Umdenken geführt. Seit Einführung des Gesetzes zum Schutz von Kindern mit Varianten der Geschlechtsentwicklung im Jahr 2021 haben Eltern gemäß § 1631e Absatz 1 BGB nicht mehr das Recht, in eine Behandlung ihres nicht einwilligungsfähigen Kindes einzuwilligen, wenn diese Behandlung »allein in der Absicht erfolgt, das körperliche Erscheinungsbild des Kindes an das des männlichen oder des weiblichen Geschlechts anzugleichen«.

Transsexualität

Bereits in den ersten Lebensjahren entwickeln manche Kinder das Gefühl, »anders« zu sein und nicht dem Geschlecht zu entsprechen, das ihnen bei der Geburt anhand äußerlicher Merkmale zugewiesen wurde. Sie orientieren ihr Verhalten und ihre Vorlieben an Vorgaben des jeweils anderen Geschlechts, bevorzugen zum Beispiel andersgeschlechtliche Kleidung, spielen überwiegend mit andersgeschlechtlichen Kindern etc. Entgegen ihrem körperlichen Geschlecht bildet sich bei ihnen das Bewusstsein heraus, eigentlich ein Junge bzw. Mädchen zu sein oder zumindest kein Mädchen bzw. Junge. Bei anderen Menschen tritt dieses Bewusstsein erst später in der Pubertät oder im Erwachsenenalter auf.

Transsexualität bedeutet, dass ein Mensch körperlich einem Geschlecht zugewiesen wurde, sich jedoch als Angehörige:r des anderen Geschlechts empfindet und daher das Bestreben entwickelt, als solche:r wahrgenommen zu werden. In manchen Fällen werden Versuche unternommen, durch hormonelle und operative Behandlungen den eigenen Körper dem anderen Geschlecht anzugleichen. Eine Variante der Transsexualität ist der Transgenderismus, bei dem sich die Betroffenen zwar biologisch im »richtigen« Geschlecht empfinden, sich jedoch in sozialer Hinsicht dem jeweils anderen Geschlecht zuordnen und ein entsprechend andersgeschlechtliches Geschlechtsrollenverhalten zeigen.

Homosexualität

Frauen und Männer, die sich von Angehörigen desselben Geschlechts angezogen fühlen und gleichgeschlechtliche Sexualpartner:innen bevorzugen, werden als Homosexuelle bezeichnet. Homosexualität ist eine verbreitete Form der sexuellen Orientierung. Etwa 7 Prozent der Männer und Frauen verstehen sich selbst als homosexuell. Auch wenn gleichgeschlechtliche Ehen und Partnerschaften seit Längerem rechtlich anerkannt sind, werden Schwule und Lesben in vielen Ländern und auch in Deutschland immer noch diskriminiert und sogar angefeindet oder verfolgt.

Eine stabile homosexuelle Orientierung äußert sich in der Regel nicht vor der Mitte des zweiten Lebensjahrzehnts, also in etwa mit dem Abschluss der körperlichen Geschlechtsentwicklung. Demgegenüber gehören unterschiedliche Formen körperlicher Nähe (Umarmungen, Raufen, Küsse) mit Angehörigen des gleichen Geschlechts im Kindes- und frühen Jugendalter zur normalen Entwicklung praktisch aller Jungen und Mädchen. Besonders in Vorpubertät und Pubertät suchen viele Kinder und Jugendliche engen Körperkontakt zu Gleichaltrigen beiderlei Geschlechts.

Vor dem Hintergrund einer weiterhin labilen Normalität von Homosexuellen wollen viele Eltern und auch pädagogische Fachkräfte Antworten auf die Frage erhalten, ob sich ein Kind eventuell homosexuell entwickeln wird. Damit verbunden wird die Frage nach der Beeinflussbarkeit und nach den Ursachen von Homosexualität. Forschungsprojekte weltweit haben versucht herauszufinden, ob möglicherweise eine genetische Besonderheit verantwortlich ist, inwiefern eine homosexuelle Entwicklung durch Erziehungsstile oder Familienkonstellationen geprägt wird, ob Homosexualität sozial »ansteckend« ist (Verführungshypothese) oder inwieweit sich bei einer Kombination bestimmter Faktoren eine homosexuelle Entwicklung voraussagen lässt.

Trotz intensiver Suche konnte eine zuverlässige Antwort bisher nicht gefunden werden. Klar ist jedoch, dass weder genetische und/oder hormonelle noch Umgebungsvariablen allein genommen für eine homosexuelle Entwicklung verantwortlich sind. Insbesondere die immer noch und immer wieder vertretene Hypothese, Homosexualität sei das Ergebnis bestimmter familiärer Einflussfaktoren (z. B. bei einer mangelnden Ablösung des Jungen von der Mutter), konnte widerlegt werden.

Wegweisend in diesem Zusammenhang waren die Ergebnisse der als San-Francisco-Studie bekannt gewordenen Untersuchung des amerikanischen Kinsey-Instituts für Sexualforschung, bei der die Daten aus Interviews mit rund 1.000 Lesben und Schwulen mit denen aus gleichartigen Interviews mit 500 heterosexuellen Männern und Frauen verglichen wurden. »Zusammengefasst«, so Peter Fiedler in einem Resümee dieser Studie, »ließen sich überhaupt keine nennenswerten familiären Variablen und Erziehungsstile identifizieren, mit denen sich ein Einfluss auf die spätere sexuelle Orientierung hätte voraussagen lassen. Dies gilt einerseits für die bindungstheoretisch begründeten psychoanalytischen Annahmen wie für viele Hypothesen der sozialen Lerntheoretiker in der Verhaltenstherapie über differentielle Lernerfahrungen oder eine mögliche Modellierung sexueller Orientierungsmuster. In diesem Zusammenhang erwies sich auch die nur kurze Zeit diskutierte, inzwischen leider unter Laien weit verbreitete Verführungshypothese zur Homosexualität als völlig unhaltbar« (Fiedler 2010).

Bedeutet dies nun, dass sich in der kindlichen Entwicklung keinerlei Anhaltspunkte für eine spätere heterosexuelle, homosexuelle oder auch bisexuelle Orientierung finden lassen? Nach aktuellem Stand der Wissenschaft ist es wohl am wahrscheinlichsten, dass sich die Geschlechtsidentität und die sexuelle Orientierung als Ergebnis eines komplexen Wechselspiels zwischen Anlage und Umwelt herausbilden. Der Sozialpsychologe Daryl Bem (vgl. Schweizer & Richter-Appelt 2010, S. 15) hat den Versuch unternommen, diese Komplexität in seiner sogenannten EBE-Theorie (Exotic Becomes Erotic) abzubilden.

In seiner empirisch zumindest teilweise abgesicherten Theorie geht Bem davon aus, dass diejenigen Jugendlichen und Erwachsenen, die in ihrer Kindheit bevorzugt mit Mädchen gespielt haben (nämlich heterosexuelle Frauen und homosexuelle Männer), sich später von Männern angezogen fühlen, während die andere Gruppe, die früher überwiegend mit Jungen spielte (heterosexuelle Männer und homosexuelle Frauen), später Frauen als Sexualpartnerinnen bevorzugt. Demnach würden Jungen, die in der Kita vor allem mit Mädchen zusammen sein wollen, sowie Mädchen, die ganz überwiegend mit Jungen spielen, sich später mit einer gewissen Wahrscheinlichkeit von dem bis dahin weniger vertrauten eigenen Geschlecht angezogen fühlen und eine homosexuelle Entwicklung einschlagen.

Die Ursachen für die besondere Attraktivität gleich- bzw. gegengeschlechtlicher Spielpartnerinnen bzw. Spielpartner werden in Temperamentseigenschaften der Kinder vermutet. Da das erblich erworbene Temperament eines Kindes auf einem Kontinuum zwischen »aktiv« (extrovertiert) und »passiv« (introvertiert) angesiedelt ist, dürften Kinder mit einem extrovertierten Temperament (Jungen wie Mädchen) eher an jungentypischen Aktivitäten wie Sport- und Kampfspielen Interesse zeigen, während introvertierte Kinder beiderlei Geschlechts bevorzugt solche Spiele reizvoll finden, die als typisch für Mädchen gelten (z. B. Rollenspiele). Beim Übergang zum Jugendalter, den die Forschung als zentralen Wendepunkt ansieht, wird dann das bisher wenig vertraute (exotic) zum sexuell anziehenden Geschlecht (erotic). Ob diese Erklärung zutrifft, der zufolge erblichen Faktoren über den Umweg des Temperaments eine indirekte Rolle bei der Herausbildung der sexuellen Orientierung zukommt, und welche weiteren Einflussfaktoren möglicherweise beteiligt sind, bleibt zukünftigen Studien überlassen.

Neben Hetero- und Homosexualität bestehen weitere Varianten der sexuellen Orientierung wie zum Beispiel Asexualität, Polysexualität und Pansexualität. Mit dem Begriff »queer« werden alle Menschen bezeichnet, deren sexuelle Orientierung und Geschlechtsidentität sich nicht mit den gängigen Kategorien der Zwei-Geschlechter-Ordnung erfassen lassen. Zunehmende Verbreitung findet die Abkürzung LGBTQIA+ (Lesbian, Gay, Bisexual, Transsexual/Transgender, Queer, Intersexual und Asexual), die für lesbische, schwule, bisexuelle, trans, intersexuelle und queere Personen und Lebensweisen steht. Das Plus steht für weitere Geschlechtsidentitäten.

1.6 Übersicht: psychosexuelle Entwicklungsphasen von der Geburt bis zum Abschluss der Pubertät

Alle Kinder durchlaufen dieselben Entwicklungsphasen. Zugleich ist jedes Kind anders und will mit seinen Eigenarten und seinem Entwicklungstempo akzeptiert und wertgeschätzt werden. Alle Individuen können sich auf sehr unterschiedliche Weise »normal« entwickeln. Während das eine Kind bereits mit elf Monaten die ersten Schritte unternimmt, beginnen andere erst mit eineinhalb Jahren zu laufen, ohne dass ein Grund zur Beunruhigung vorliegen muss. Manche Vierjährige sprechen nicht mehr als 500 Wörter, während andere in diesem Alter über einen Wortschatz von 4.000 Wörtern verfügen (Largo 2012, S. 12). Der Versuch, Kinder anzutreiben und ihre Entwicklung zu beschleunigen, kann ins Gegenteil umschlagen und zu einer Hemmung der Entwicklung führen. »Das Gras wächst nicht schneller, wenn man daran zieht«, lautet ein afrikanisches Sprichwort. Aber auch der Versuch, Kinder übermäßig zu behüten und ihnen Schwierigkeiten zu ersparen, kann Schaden zufügen. Kinder wollen die Welt selbstständig entdecken, sie freuen sich darüber, Stolpersteine zu überwinden, und wachsen an Herausforderungen.

Dies gilt auch für die psychosexuelle Entwicklung. Auch hier sind die normalen Unterschiede zwischen den Kindern (interindividuelle Variabilität) groß, sogar bei Kindern aus derselben Familie. Manche suchen häufig Körperkontakt, sie schmusen viel und benötigen in belastenden Situationen intensive Nähe von Bezugspersonen. Andere können sich früh selbst beruhigen, sie wirken distanzierter und erreichen schnell einen beträchtlichen Grad an Autonomie.

Zu der interindividuellen kommt die intraindividuelle Variabilität. Damit ist gemeint, dass sich die verschiedenen Entwicklungsbereiche bei ein und demselben Kind mit unterschiedlicher Geschwindigkeit entwickeln. So kann ein Kind zum Beispiel körperlich schon weit entwickelt sein, während es emotional deutlich »hinterherhinkt«. Ein anderes Kind mag sich vielleicht intellektuell intensiv mit Fragen von Zeugung, Schwangerschaft und Geburt auseinandersetzen, aber kaum Interesse zeigen, sich an Körpererkundungsspielen zu beteiligen.

Die psychosexuelle Entwicklung von Kindern professionell zu begleiten bedeutet, jedes Kind in seiner Besonderheit wahrzunehmen, sie nicht vor allem an anderen Kindern zu messen und unterschiedliche Entwicklungswege als Spielarten des Normalen zu akzeptieren. Die folgende Übersicht bietet eine Orientierung, in welchem (Reifungs-)Alter Kinder im Zeitraum von der Geburt bis zum Abschluss der Pubertät typischerweise welche psychosexuellen Bedürfnisse haben, wie sie sich verhalten und welche Entwicklungsaufgaben dabei eine Rolle spielen.

Säuglinge (erstes Lebensjahr)

- Die psychosexuelle Entwicklung beginnt mit der Geburt.
- Bei einem kleinen Teil der Kinder ist eine eindeutige körperliche Zuordnung zu einem Geschlecht (Junge bzw. Mädchen) nicht möglich (Intersexualität).
- Säuglinge genießen großflächigen Körperkontakt (im Arm gehalten werden, Stillen an der Brust) mit ihren wichtigen Bezugspersonen.
- Streicheln, Schmusen und Liebkosungen sind die Grundlage für eine gesunde seelische Entwicklung. Dabei empfinden die Kinder Wohlgefühl, Sicherheit und ein Gefühl des Urvertrauens.
- Säuglinge erkunden ihre Umgebung mit allen Sinnen. Sie betrachten ausdauernd Gesichter und Gegenstände – besonders, wenn diese sich bewegen –, können unterschiedliche Stimmen voneinander unterscheiden und bauen intensive Bindungen zu den Personen auf, mit denen sie zusammen sind und die für sie sorgen (Bindungsaufbau).
- Säuglinge erkunden alles um sie herum (z. B. Spielzeug) mit dem Mund. Formen rhythmischen Saugens (an der Mutterbrust, aber auch an Flasche oder Schnuller) bereiten ihnen Vergnügen und beruhigen und entspannen sie.

- Säuglinge berühren sich selbst häufig und entdecken dabei ihren Körper, manchmal auch ihre Genitalien. Dies geschieht jedoch eher zufällig als absichtlich. Bei Jungen kann es zu spontanen Erektionen des Penis, bei Mädchen zu vaginalen Lubrikationen (Austritt von Scheidenflüssigkeit) kommen.

Kleinkindalter (zweites und drittes Lebensjahr)

- Kleinkinder werden sich ihrer selbst bewusst. Sie erleben, dass sie sich als Person, mit ihrem Körper und in ihrem Aussehen von anderen Kindern und von den Erwachsenen unterscheiden (Entwicklung der Identität).
- Sie haben ein großes Bedürfnis nach Körperkontakt. Kleinkinder lieben es zu schmusen und auf dem Schoß von vertrauten Personen zu sitzen.
- Kleinkinder lernen, dass sie Jungen oder Mädchen sind (Entwicklung der Geschlechtsidentität) und dass mit dieser Zuordnung unterschiedliche Erwartungen verbunden sind (Entwicklung des Geschlechtsrollenverhaltens).
- Sie entwickeln ein großes Interesse an ihrem Körper und an den Körpern anderer Menschen. Kleinkinder untersuchen häufig intensiv ihre Genitalien und zeigen diese gerne anderen Kindern und Erwachsenen (Schau- und Zeigelust).
- Kleinkinder berühren manchmal absichtlich ihre Genitalien und stimulieren sich selbst, weil sie sich dabei beruhigen und wohlfühlen.
- Sie entdecken die Macht über ihren Körper. Häufig kommt es in diesem Zusammenhang zu Machtkämpfen (Trotz).
- Kleinkinder interessieren sich für ihre Körperausscheidungen. Das bewusste Festhalten und Loslassen ihrer körpereigenen »Produkte« ist für sie eine lustvolle Erfahrung.
- Sie stellen Fragen zu Geschlechtsunterschieden und lernen erste Begriffe für die Geschlechtsorgane. Die Genitalien werden mit der Ausscheidungsfunktion in Verbindung gebracht.
- Kleinkinder entwickeln ein Gefühl für ihren persönlichen Bereich und die Privatsphäre anderer Menschen (Schamgefühl). So möchten sie zum Beispiel nicht mehr von jedem auf die Toilette begleitet werden.
- Kleinkinder lernen, was erlaubt ist und was nicht und dass sie bestimmte (Körper-)Grenzen einhalten müssen (soziale Regeln und Normen).

Kindergartenalter (viertes und fünftes Lebensjahr)

- Kinder im Kindergartenalter wissen, dass sie Jungen oder Mädchen sind und es auch bleiben werden (Geschlechtsstabilität und Geschlechterkonstanz).
- Sie entwickeln klare und häufig rigide Vorstellungen davon, »was ein Junge (nicht) tut« und »was ein Mädchen (nicht) tut« (Geschlechtsrollen).
- Die Kinder haben große Freude am Zusammenspiel mit anderen. Sie erforschen spielerisch ihren eigenen Körper und den Körper von anderen Kindern, häufig im Zusammenhang mit Rollenspielen. Sie spielen »Vater, Mutter, Kind« oder auch Körpererkundungsspiele – zunächst meistens offen, später eher im Verborgenen.
- Kinder im Kindergartenalter testen ihre Rolle als Mädchen oder Junge aus. Spielerisch erkunden sie, wie es sich im anderen Geschlecht anfühlt, zum Beispiel beim Verkleiden oder Schminken.
- Sie äußern manchmal, ihre Mutter, ihren Vater oder eine pädagogische Fachkraft heiraten zu wollen oder in ihr Haustier verliebt zu sein. Dies hat üblicherweise nichts mit sexuellen Gefühlen oder Begehren zu tun. Die Kinder möchten damit ausdrücken, dass sie jemanden sehr gernhaben.
- Viele Kinder sind in diesem Alter an der Fortpflanzung interessiert und stellen entsprechende Fragen: »Wie kommt das Baby in den Bauch? Bekommen die dort überhaupt Luft?« Sie entwickeln Vorstellungen und bekommen ein erstes Wissen über Zeugung, Schwangerschaft (intrauterines Wachstum) und Geburtsweg.
- Kinder im Kindergartenalter entwickeln ein deutliches Schamgefühl und setzen zunehmend klare Grenzen. Sie lernen, dass Erwachsene es häufig missbilligen, wenn sie sich in Anwesenheit von Fremden nackt zeigen. Es ist unwahrscheinlich, dass die Kinder sich in der Öffentlichkeit entblößen und ihre Genitalien berühren.
- Manche Kinder (Jungen und Mädchen) in diesem Alter mögen es, intensiv an ihren Genitalien zu reiben und diese zu stimulieren (Masturbation). Auf diese Weise verschaffen sie sich Wohlgefühl, Lust und Entspannung. Sie merken, dass dies bei anderen Menschen Scham und Peinlichkeit hervorrufen kann.
- Die Kinder schließen innige Freundschaften mit anderen Kindern beiderlei Geschlechts. Manche Freundschaften haben den Charakter kindlichen »Verliebtseins«. Die Kinder genießen die körperliche Nähe zu ihrem Freund bzw. ihrer Freundin, tauschen Zärtlichkeiten aus, flüstern sich

etwas zu, halten Händchen etc. Enge Freundschaften können mit der Erfahrung von Neid und Eifersucht verbunden sein.

- Kinder im Kindergartenalter lernen, dass bestimmte »schmutzige« Wörter bei Erwachsenen starke Reaktionen auslösen. Da dies spannend und lustig ist, wiederholen sie diese Wörter, provozieren und testen aus, wo die Grenzen liegen und welche Sprache in welcher Umgebung akzeptiert ist und welche nicht.

Kinder im Grundschulalter (sechstes bis neuntes Lebensjahr)

- Kinder im Grundschulalter sind bevorzugt mit Gleichaltrigen desselben Geschlechts zusammen. Die dadurch entstehenden Jungen- und Mädchengruppen beobachten sich gegenseitig und grenzen sich voneinander ab. Häufig finden die Mädchen die Jungen »doof« oder »kindisch« – und umgekehrt.
- Die Jungen und Mädchen legen großen Wert darauf zu zeigen, wie clever, stark und »erwachsen« sie sind, vor allem in Gruppensituationen (Schule, Ganztag bzw. Hort, Freizeiteinrichtungen). Häufig versuchen sie, ihre körperlichen und geistigen Kräfte zu messen und sich wechselseitig zu übertrumpfen.
- Kinder im Grundschulalter fühlen sich zunehmend unwohl, von anderen Menschen nackt gesehen zu werden. Sie laufen nun nicht mehr ohne Bekleidung herum und möchten sich häufig nicht in der Gegenwart von Erwachsenen ausziehen.
- Die Kinder haben gelernt, dass Sexualität ein emotional aufgeladenes Thema ist, über das nicht gerne öffentlich gesprochen wird und das vielen Menschen peinlich ist. Sie beobachten Jugendliche und Erwachsene in ihrem sexuellen Verhalten, stellen aber wenig Fragen zum Thema Sexualität. Das bedeutet allerdings nicht, dass sie dieses Thema nicht mehr interessiert.
- Kinder im Grundschulalter wollen den Anschein erwecken, viel über Sexualität zu wissen. Manchmal verwenden sie eine sexuell getönte Sprache oder erzählen sich Witze mit sexuellen Anspielungen (»schmutzige Witze«), ohne dass sie immer den Sinn verstehen.
- Die Kinder mögen es, in Fantasiewelten »abzutauchen«. Häufig fließen dabei Fantasie und Wirklichkeit ineinander. Auch das Thema »Liebe« und

»Verliebtsein« in jemanden des anderen oder des gleichen Geschlechts kann Gegenstand ihrer Fantasien sein.
- Manche Kinder erleben gegen Ende des ersten Lebensjahrzehnts erste Gefühle des Verliebtseins.

Kinder in der Vorpubertät (zehntes und elftes Lebensjahr)

- Bei den meisten Mädchen setzt die Pubertät ein bis zwei Jahre früher als bei den Jungen ein. Die Aktivität der Sexualhormone zeigt sich in der körperlichen Entwicklung (Ausbildung der Brüste, starkes Größenwachstum), aber auch in gesteigerter Wahrnehmung und in Stimmungsschwankungen.
- Zunächst die Mädchen und etwas später auch die Jungen interessieren sich zunehmend für die Sexualität der Erwachsenen. Im Fernsehen, in Filmen, Büchern, auf Social Media und im Internet greifen sie alle möglichen Themen mit Bezug zu Sexualität auf, die ihre Neugier anregen und ihre Fantasie beflügeln.
- Die Kinder entwickeln vielfältige Vorstellungen, Wünsche und Ängste in Bezug auf Liebe und Sexualität. Dennoch möchten sie zumeist nicht auf diese Themen angesprochen werden. Darauf reagieren sie häufig abweisend oder schamhaft.
- Es finden erste Annäherungen statt – sowohl innerhalb des gleichen Geschlechts (Umarmungen, Abklatschen, Händchenhalten, Kuss auf die Wange) als auch zum anderen Geschlecht (»miteinander gehen«).

Kinder und Jugendliche in der Pubertät (zwölftes bis fünfzehntes Lebensjahr)

- Bei den Jungen setzt nun ebenfalls die Pubertät ein. Unter dem Einfluss der Sexualhormone wachsen Hoden und Penis, ebenso die Achsel- und Schambehaarung. Der Bartwuchs beginnt, die Jungen kommen in den Stimmbruch, und es erfolgt ein Wachstumsschub. Mit etwa dreizehn Jahren haben Jungen in der Regel ihre erste Ejakulation. Sie sind damit geschlechtsreif und zeugungsfähig.
- Auch bei den Mädchen, die einen körperlichen Wachstumsschub bereits hinter sich haben, beginnt nun das Wachstum der Achsel- und Scham-

haare. Ihre erste Periode (Erstmenstruation) haben Mädchen im Schnitt mit zwölfeinhalb Jahren. Sie sind nun geschlechtsreif und können schwanger werden.

- Viele ältere Kinder und Jugendliche masturbieren häufig – Jungen etwas mehr als Mädchen.
- Viele Kinder in diesem Alter fühlen sich in ihrem Körper nicht (mehr) zu Hause. Sie müssen mit den Veränderungen erst zurechtkommen und sind häufig verlegen.
- Beim Übergang von der Kindheit ins Jugendalter sind viele sehr verunsichert bezüglich ihres Aussehens. Sie vergleichen sich mit anderen und fragen sich, ob die Veränderungen »normal« sind. Manche befürchten, sich zu langsam oder zu schnell zu entwickeln. Viele sind unsicher, ob sie für eine:n mögliche:n Partner:in attraktiv genug sind.
- Aufgrund ihrer Verunsicherung lassen sich ältere Kinder und Jugendliche leicht beeinflussen. Sie suchen nach Halt und orientieren sich gerne an der Meinung von Gleichaltrigen.
- Bei vielen werden nun die »Karten neu gemischt« – im positiven wie im negativen Sinne (Pubertät als zweite Chance). Manche, die eine schwere Kindheit hinter sich haben, entwickeln sich unter dem Einfluss von anderen (z. B. Vorbildern) überraschend positiv. Andere wiederum, die zuvor behütet aufgewachsen sind, geraten auf die »schiefe Bahn«, ohne dass Eltern und andere Bezugspersonen darauf großen Einfluss nehmen können.
- Die Jugendlichen finden allmählich heraus, ob sie eher Jungen oder eher Mädchen sexuell attraktiv finden (sexuelle Orientierung).
- Bei einem kleinen Teil der Jugendlichen entsteht das Verlangen, dem anderen Geschlecht anzugehören (Transgeschlechtlichkeit).
- Am Ausgang der Pubertät flirten Jugendliche häufig miteinander und haben erste Beziehungen. Manche verlieben sich zum ersten Mal in ihrem Leben wirklich. Bei vielen folgen weitere sexuelle Erfahrungen wie Küssen, Streicheln oder Petting, in manchen Fällen bereits der erste Geschlechtsverkehr.
- Die Distanz zu den Eltern vergrößert sich und erste Ablösungskonflikte treten auf. Obwohl sie es nur selten offen zugeben, benötigen auch Jugendliche weiterhin die Fürsorge und den Schutz ihrer Eltern und anderer für sie verantwortlicher Erwachsener.

2.

Rechtliche Rahmenbedingungen

Die Themen in diesem Kapitel sind

- → Kinder als Träger:innen von Schutz-, Förder- und Beteiligungsrechten
- → Recht auf eine gewaltfreie Erziehung
- → sexueller Missbrauch und Sexualstrafrecht
- → Verfahren bei Kindeswohlgefährdung

2.1 UN-Kinderrechtskonvention: Schutz, Förderung und Beteiligung

Die UN-Kinderrechtskonvention versteht Kinder als (Rechts-)Subjekte und Träger:innen eigener, unveräußerlicher Menschenrechte. Die Konvention wurde 1989 von der Vollversammlung der Vereinten Nationen einstimmig verabschiedet und ist seitdem von 196 Staaten ratifiziert worden. Sie ist damit das weltweit am meisten ratifizierte Menschenrechtsübereinkommen. In Deutschland trat die Konvention 1992 in Kraft, zunächst allerdings mit Vorbehalten. Erst 2010 hat die Bundesregierung die Vorbehaltserklärung zurückgenommen. Seitdem gelten sämtliche Rechte nach der Konvention uneingeschränkt für alle in Deutschland lebenden Kinder.

Die in den 54 Artikeln der UN-Kinderrechtskonvention enthaltenen Rechte beziehen sich auf alle Menschen von der Geburt bis zur Vollendung des 18. Lebensjahres (Kinder und Jugendliche). In dem »Gebäude der Kinderrechte« können Schutzrechte, Förderrechte und Beteiligungsrechte unterschieden werden. Die wichtigsten Prinzipien, die der UN-Ausschuss für die Rechte des Kindes als »Allgemeine Prinzipien« (General Principles) bezeichnet, finden sich in den Artikeln 2, 3, 6 und 12.

Artikel 2 enthält ein umfassendes Diskriminierungsverbot. Zu den dort aufgeführten unzulässigen Diskriminierungsmerkmalen gehört auch das Geschlecht des Kindes. In Artikel 3 Absatz 1 ist der Vorrang des Kindeswohls festgeschrieben, demzufolge das Wohl des Kindes bei allen Gesetzgebungs-, Verwaltungs- und sonstigen Maßnahmen öffentlicher oder privater Einrichtungen vorrangig zu berücksichtigen ist. Artikel 6 sichert das grundlegende Recht jedes Kindes auf Leben, Überleben und bestmögliche Entwicklung. Gemäß Artikel 12 hat jedes Kind das Recht, in allen Angelegenheiten, die es betreffen, unmittelbar oder durch eine Vertretung gehört zu werden. Die Meinung des Kindes muss angemessen und entsprechend seinem Alter und seiner Reife berücksichtigt werden.

Allgemeine Prinzipien der UN-Kinderrechtskonvention

ÜBERBLICK

Artikel 2	Recht auf Nicht-Diskriminierung
Artikel 3 Absatz 1	Recht auf vorrangige Berücksichtigung des Kindeswohls
Artikel 6	Recht auf Leben und bestmögliche Entwicklung
Artikel 12	Recht auf Berücksichtigung der Meinung des Kindes in allen es betreffenden Angelegenheiten

Ein Bezug zu Sexualpädagogik und sexueller Bildung findet sich in Artikel 24 (Gesundheitsvorsorge) der Konvention. Gemäß Artikel 24 Absatz 2f verpflichten sich die Vertragsstaaten, »die Aufklärung und die Dienste auf dem Gebiet der Familienplanung auszubauen«. Der nachfolgende Absatz 3 enthält die Verpflichtung der Staaten, »alle wirksamen und geeigneten Maßnahmen [zu treffen], um überlieferte Bräuche, die für die Gesundheit der Kinder schädlich sind, abzuschaffen«. Zu den Bräuchen, die die Gesundheit schädigen und die Rechte von Kindern verletzen, gehört unter anderem die in einigen Regionen der Welt verbreitete Genitalverstümmelung von Mädchen.

In Artikel 19 Absatz 1 ist ein uneingeschränktes Gewaltverbot in der Erziehung niedergelegt. Der sexuelle Missbrauch von Kindern wird dort ausdrücklich als eine Form unzulässiger Gewalt benannt. Entsprechend heißt es: »Die Vertragsstaaten treffen alle geeigneten Gesetzgebungs-, Verwaltungs-, Sozial- und Bildungsmaßnahmen, um das Kind vor jeder Form körperlicher oder geistiger Gewaltanwendung, Schadenszufügung oder Misshandlung, vor Verwahrlosung oder Vernachlässigung, vor schlechter Behandlung oder Ausbeutung einschließlich des sexuellen Missbrauchs zu schützen, solange es sich in der Obhut der Eltern oder eines Elternteils, eines Vormunds oder anderen gesetzlichen Vertreters oder einer anderen Person befindet, die das Kind betreut.«

Gemäß Artikel 34 UN-Kinderrechtskonvention genießen Kinder außerdem einen umfangreichen Schutz vor sexueller Ausbeutung und sexuellem Missbrauch: »Die Vertragsstaaten verpflichten sich, das Kind vor allen Formen sexueller Ausbeutung und sexuellen Missbrauchs zu schützen. Zu diesem Zweck treffen die Vertragsstaaten insbesondere alle geeigneten innerstaatlichen, zweiseitigen und mehrseitigen Maßnahmen, um zu verhindern, dass Kinder

a) zur Beteiligung an rechtswidrigen sexuellen Handlungen verleitet oder gezwungen werden;
b) für die Prostitution oder andere rechtswidrige sexuelle Praktiken ausgebeutet werden;
c) für pornographische Darbietungen und Darstellungen ausgebeutet werden.«

Die in der UN-Kinderrechtskonvention enthaltenen Rechte sind durch drei Zusatzprotokolle präzisiert und erweitert worden, darunter das im Jahr 2000 von der Vollversammlung verabschiedete und 2002 in Kraft getretene Fakultativprotokoll, das den Kinderhandel, die Kinderprostitution und die Kinderpornografie betrifft (Optional Protocol on the Sale of Children, Child Prostitution, and Child Pornography). Das auch von Deutschland ratifizierte Protokoll verbietet ausdrücklich solche schweren Kinderrechtsverletzungen und fordert von den Staaten, diese Formen der Ausbeutung als Verbrechen zu verfolgen und unter Strafe zu stellen.

Zur weltweiten Umsetzung der Kinderrechte auf Schutz vor sexueller Ausbeutung fand 1996 in Stockholm auf Initiative der Kinderrechtsorganisation ECPAT (End Child Prostitution, Child Pornography and Trafficking of Children for Sexual Purposes) der »Erste Weltkongress gegen kommerzielle sexuelle Ausbeutung von Kindern« statt. Über hundert Länder und zahlreiche Nichtregierungsorganisationen verabschiedeten im Zuge dessen einen Aktionsplan, der unter anderem die Kriminalisierung der sexuellen Ausbeutung von Kindern, die Verabschiedung entsprechender Gesetze sowie vorbeugende Maßnahmen der Informations- und Bildungsarbeit fordert. Mit Bezug zu diesem internationalen Aktionsplan hat die deutsche Bundesregierung 2003 und 2011 nationale Aktionspläne zum Schutz von Kindern und Jugendlichen vor sexueller Gewalt und Ausbeutung verabschiedet.

ÜBERBLICK

UN-Kinderrechtskonvention: Sexualaufklärung und Schutz vor sexualisierter Gewalt

Artikel 19	Schutz vor sexuellem Missbrauch durch Eltern oder andere Personen
Artikel 24 Absatz 2f	Aufklärung sowie Ausbau der Dienste auf dem Gebiet der Familienplanung
Artikel 34	Schutz vor sexueller Ausbeutung und sexuellem Missbrauch (u. a. Verbot von Kinderprostitution und Kinderpornografie)
Zusatzprotokoll	Verpflichtung zur Strafverfolgung von Kinderhandel, Kinderprostitution und Kinderpornografie

Auch wenn die Bestimmungen der UN-Kinderrechtskonvention relativ allgemein gehalten sind, haben sie für pädagogische Fachkräfte eine große Bedeutung. Sie machen deutlich, dass heutzutage ein nahezu universeller Menschenrechtsschutz für Kinder besteht, der alle Kinder unabhängig von nationaler Herkunft sowie kultureller und religiöser Verwurzelung einschließt.

2.2 Grundgesetz: Gleichheitsgrundsatz, Elternrechte und Schutzauftrag

Von großer Bedeutung für eine geschlechtergerechte Bildung und Erziehung ist Artikel 3 des Grundgesetzes (GG), der ein allgemeines Gleichheitsgebot sowie ein Verbot der Diskriminierung unter anderem aufgrund des Geschlechts enthält. Im Einzelnen heißt es dort:

Artikel 3 GG: Gleichheitsgrundrecht

» (1) Alle Menschen sind vor dem Gesetz gleich.

(2) Männer und Frauen sind gleichberechtigt. Der Staat fördert die tatsächliche Durchsetzung der Gleichberechtigung von Frauen und Männern und wirkt auf die Beseitigung bestehender Nachteile hin.

(3) Niemand darf wegen seines Geschlechtes, seiner Abstammung, seiner Rasse, seiner Sprache, seiner Heimat und Herkunft, seines Glaubens, seiner religiösen oder politischen Anschauungen benachteiligt oder bevorzugt werden. Niemand darf wegen seiner Behinderung benachteiligt werden. «

Eigene Kinderrechte kennt das Grundgesetz bisher nicht. Auch der Kindeswohlvorrang wird dort nicht erwähnt. Kinder tauchen lediglich als Regelungsgegenstände (Rechtsobjekte) auf. So spricht Artikel 6 Absatz 2 GG vom Recht der Eltern und der zuvörderst ihnen obliegenden Pflicht, ihre Kinder zu pflegen und zu erziehen. Allerdings gehört es inzwischen zur gefestigten Rechtsprechung des Bundesverfassungsgerichts, dass das Kind selbst Grundrechtsträger:in ist. Daraus folgt, dass Rechte und Pflichten der Eltern an die Persönlichkeitsrechte des Kindes gebunden sind. Den Maßstab elterlichen Handelns bildet das Kindeswohl. Dabei geht das Bundesverfassungsgericht davon aus, dass »in aller Regel Eltern das Wohl des Kindes mehr am Herzen liegt als irgendeiner anderen Person oder Institution« (BVerfGE, 29.11.2012, 1 BvR 335/12).

Wenn jedoch die Eltern die Würde des Kindes nicht respektieren und seine Persönlichkeitsrechte grob missachten, dann – so das Bundesverfassungsgericht – »muss der Staat wachen und notfalls das Kind, das sich noch nicht selbst zu schützen vermag, davor bewahren, dass seine Entwicklung durch den Missbrauch der elterlichen Rechte oder eine Vernachlässigung Schaden leidet. In diesem Sinne bildet das Wohl des Kindes den Richtpunkt für den Auftrag des Staates gemäß Art. 6 Abs. 2 GG« (BVerfGE 24, 119).

Deshalb ist in Artikel 6 Absatz 2 GG dem Recht der Eltern, ihre Kinder zu pflegen und zu erziehen, das Wächteramt der staatlichen Gemeinschaft zur Seite gestellt: Der Staat hat über die Betätigung der Eltern zu wachen und das Kind notfalls auch vor seinen eigenen Eltern zu schützen, zum Beispiel wenn diese ihr Kind sexuell missbrauchen. Eine Wegnahme des Kindes gegen den Willen der Erziehungsberechtigten ist jedoch gemäß Artikel 6 Absatz 3 GG nur aufgrund eines Gesetzes und nur in den Fällen möglich, in denen »die Erziehungsberechtigten versagen oder wenn die Kinder aus anderen Gründen zu verwahrlosen drohen«.

2.3 Bürgerliches Gesetzbuch: Recht auf Erziehung ohne Gewalt

Das Kindschafts- und Familienrecht im Bürgerlichen Gesetzbuch (BGB) regelt die rechtlichen Beziehungen zwischen Eltern und Kindern. Elterliches Handeln und Unterlassen wird dort ausdrücklich an das Wohl des Kindes gebunden. In § 1627 BGB heißt es: »Die Eltern haben die elterliche Sorge in eigener Verantwortung und in gegenseitigem Einvernehmen zum Wohl des Kindes auszuüben.« Besonders wichtig ist der im Jahr 2000 in das BGB eingefügte und 2021 nochmals geänderte § 1631 Absatz 2 BGB, der Kindern ausdrücklich ein Recht auf gewaltfreie Erziehung einräumt:

> »Das Kind hat ein Recht auf Pflege und Erziehung unter Ausschluss von Gewalt, körperlichen Bestrafungen, seelischen Verletzungen und anderen entwürdigenden Maßnahmen.«

GRUNDLAGEN

In deutlichem Widerspruch hierzu und daher kritisch zu betrachten, ist der im Jahr 2012 in das BGB aufgenommene § 1631d BGB, der Eltern das Recht einräumt, in eine medizinisch nicht erforderliche Genitalbeschneidung ihres nicht einsichts- und urteilsfähigen männlichen Kindes einzuwilligen, obwohl damit ein erheblicher Eingriff in dessen körperliche Unversehrtheit verbunden ist.

Wenn Eltern das Wohl ihres Kindes gefährden und nicht gewillt oder nicht in der Lage sind, die Gefahr abzuwenden, stellt § 1666 BGB die zentrale Begründungsnorm für einen legitimen Eingriff des Staates in das grundgesetzlich verbürgte Elternrecht dar. Zu den möglichen gerichtlichen Maßnahmen gehören gemäß § 1666 Absatz 3 BGB Gebote (z. B. das Gebot, Leistungen der Kinder- und Jugendhilfe oder der Gesundheitsfürsorge in Anspruch zu nehmen), Verbote (z. B. das Verbot, Verbindung zum Kind aufzunehmen), die Ersetzung von Erklärungen des Inhabers der elterlichen Sorge sowie die teilweise oder vollständige Entziehung der elterlichen Sorge.

§ 1666 BGB: Gerichtliche Maßnahmen bei Gefährdung des Kindeswohls

» (1) Wird das körperliche, geistige oder seelische Wohl des Kindes oder sein Vermögen gefährdet und sind die Eltern nicht gewillt oder nicht in der Lage, die Gefahr abzuwenden, so hat das Familiengericht die Maßnahmen zu treffen, die zur Abwendung der Gefahr erforderlich sind. [...]

(3) Zu den gerichtlichen Maßnahmen nach Absatz 1 gehören insbesondere

1. Gebote, öffentliche Hilfen wie zum Beispiel Leistungen der Kinder- und Jugendhilfe und der Gesundheitsfürsorge in Anspruch zu nehmen,
2. Gebote, für die Einhaltung der Schulpflicht zu sorgen,
3. Verbote, vorübergehend oder auf unbestimmte Zeit die Familienwohnung oder eine andere Wohnung zu nutzen, sich in einem bestimmten Umkreis der Wohnung aufzuhalten oder zu bestimmende andere Orte aufzusuchen, an denen sich das Kind regelmäßig aufhält,
4. Verbote, Verbindung zum Kind aufzunehmen oder ein Zusammentreffen mit dem Kind herbeizuführen,
5. die Ersetzung von Erklärungen des Inhabers der elterlichen Sorge,
6. die teilweise oder vollständige Entziehung der elterlichen Sorge. [...] «

Schließlich verpflichtet § 1697a BGB das Familiengericht, seine Entscheidungen am Kindeswohl zu orientieren. Demzufolge muss das Gericht in kindschaftsrechtlichen Verfahren diejenige Entscheidung treffen, »die unter Berücksichtigung der tatsächlichen Gegebenheiten und Möglichkeiten sowie der berechtigten Interessen der Beteiligten dem Wohl des Kindes am besten entspricht«.

Bürgerliches Gesetzbuch (BGB): Kinderrechte und Kinderschutz

§ 1627	Elterliche Sorge muss sich am Wohl des Kindes ausrichten
§ 1631 Absatz 2	Kinder haben ein Recht auf gewaltfreie Erziehung
§ 1666	Recht und Pflicht des Staates zum Eingriff in die elterliche Sorge bei Gefährdung des Kindeswohls (staatliches Wächteramt)
§ 1697a	Familiengerichte müssen ihre Entscheidungen am Wohl des Kindes orientieren

2.4 Strafgesetzbuch: sexueller Missbrauch als Straftatbestand

Ebenso wie schwere körperliche Misshandlung und Vernachlässigung ist der sexuelle Missbrauch von Kindern ein Straftatbestand. Ziel einer Strafverfolgung ist allerdings nicht in erster Linie der Schutz des Kindes – hierfür kommen vor allem zivilrechtliche Maßnahmen eine Einschränkung des Sorgerechts sowie Hilfen nach dem Kinder- und Jugendhilfegesetz in Betracht –, sondern die Ermittlung und Bestrafung des Täters bzw. der Täterin. Eine Pflicht zur Anzeige besteht nach deutschem Recht nicht, allerdings ist in den meisten Fällen eine Strafanzeige ratsam. Als Argument gegen eine Anzeigepflicht wird vor allem angeführt, dass Opfer sexueller Gewalt kriminalisiert werden könnten, wenn sie – aus welchen Gründen auch immer – auf eine Anzeige verzichten.

Besteht der Verdacht, dass der/die Täter:in nicht dem sozialen Nahraum des Kindes entstammt, sollte in aller Regel eine Anzeige erfolgen. Wenn die verdächtigte Person dem nahen Bekanntenkreis des Kindes angehört oder zur Familie gehört und das Kind zum Beispiel durch eine Inobhutnahme vor weiterer Gewalt ausreichend geschützt ist, sollte sorgfältig abgewogen werden, ob eine Strafanzeige sinnvoll ist oder nicht. Zu beachten ist dabei, dass es sich bei sexuellem Missbrauch um ein sogenanntes Offizialdelikt handelt und eine einmal gestellte Anzeige nicht zurückgenommen werden kann.

Die einschlägigen Regelungen des Strafgesetzbuches (StGB) zum sexuellen Kindesmissbrauch sind im Abschnitt »Straftaten gegen die sexuelle Selbstbestimmung« enthalten, insbesondere in § 176 StGB (Sexueller Missbrauch von Kindern).

§ 176 StGB: Sexueller Missbrauch von Kindern

GRUNDLAGEN

» (1) Mit Freiheitsstrafe nicht unter einem Jahr wird bestraft, wer

1. sexuelle Handlungen an einer Person unter vierzehn Jahren (Kind) vornimmt oder an sich von dem Kind vornehmen lässt,
2. ein Kind dazu bestimmt, dass es sexuelle Handlungen an einer dritten Person vornimmt oder von einer dritten Person an sich vornehmen lässt,
3. ein Kind für eine Tat nach Nummer 1 oder Nummer 2 anbietet oder nachzuweisen verspricht.

(2) In den Fällen des Absatzes 1 Nummer 1 kann das Gericht von Strafe nach dieser Vorschrift absehen, wenn zwischen Täter und Kind die sexuelle Handlung einvernehmlich erfolgt und der Unterschied sowohl im Alter als auch im Entwicklungsstand oder Reifegrad gering ist, es sei denn, der Täter nutzt die fehlende Fähigkeit des Kindes zur sexuellen Selbstbestimmung aus. «

Weitere Straftaten im Zusammenhang mit sexuellem Missbrauch von Kindern führen die §§ 176a–e StGB auf. Fälle von schwerem sexuellem Missbrauch werden mit deutlich höheren Freiheitsstrafen geahndet. Sie liegen zum Beispiel vor, wenn ein Kind von einer erwachsenen Person zum Geschlechtsverkehr gezwungen wird, mehrere Personen die Tat gemeinschaftlich begehen oder die Tat zu einer schweren Gesundheits- oder Entwicklungsschädigung oder sogar zum Tode des Kindes führt.

Strafgesetzbuch (StGB): Sexueller Missbrauch von Kindern

ÜBERBLICK

§ 176	Sexueller Missbrauch von Kindern
§ 176a	Sexueller Missbrauch von Kindern ohne Körperkontakt mit dem Kind
§ 176b	Vorbereitung des sexuellen Missbrauchs von Kindern
§ 176c	Schwerer sexueller Missbrauch von Kindern
§ 176d	Sexueller Missbrauch von Kindern mit Todesfolge
§ 176e	Verbreitung und Besitz von Anleitungen zu sexuellem Missbrauch von Kindern

2.5 Bundeskinderschutzgesetz und Kinder- und Jugendstärkungsgesetz: aktiver Kinderschutz

Das 2012 in Kraft getretene »Gesetz zur Stärkung eines aktiven Schutzes von Kindern und Jugendlichen (Bundeskinderschutzgesetz – BKiSchG)« hat gleichermaßen den Schutz des Wohls von Kindern und Jugendlichen und die Förderung ihrer körperlichen, geistigen und seelischen Entwicklung zum Ziel. Aktiver Kinderschutz soll sowohl vorbeugende als auch intervenierende Maßnahmen umfassen. Kinderschutz wird also in einem weiten Sinne verstanden. Der Staat soll nicht erst dann tätig werden, wenn eine Gefährdung des Kindeswohls bereits eingetreten ist, sondern viel früher. Von Anfang an sollen die Kompetenzen von Eltern und auch von Kindern gestärkt werden, damit es gar nicht erst zu Gewalt und Missbrauch kommt. Einige Ergebnisse des Runden Tisches der Bundesregierung »Sexueller Kindesmissbrauch in Abhängigkeits- und Machtverhältnissen in privaten und öffentlichen Einrichtungen und im familiären Bereich« (siehe Kapitel 3.4) wurden bei der Formulierung des neuen Gesetzes berücksichtigt.

Wichtige Bestandteile des Bundeskinderschutzgesetzes sind unter anderem

- gesetzliche Verankerung »Früher Hilfen«
- Aufbau lokaler Kooperationsnetzwerke im Kinderschutz
- Stärkung der Rolle von Familienhebammen
- regelhafte Verpflichtung des Jugendamts zur persönlichen Inaugenscheinnahme (Hausbesuch) bei Bekanntwerden gewichtiger Anhaltspunkte für eine Kindeswohlgefährdung
- Befugnisnorm zur Datenweitergabe bei Kindeswohlgefährdung für Berufsgeheimnisträger:innen wie zum Beispiel Ärzt:innen
- Verpflichtung zur Vorlage eines erweiterten Führungszeugnisses für Mitarbeiter:innen der Kinder- und Jugendhilfe
- Bestimmungen zur Verbesserung der Kinderrechte und zur Qualitätsentwicklung in der Kinder- und Jugendhilfe

Die für pädagogische Fachkräfte in Kitas wichtigen Neuregelungen des Bundeskinderschutzgesetzes sind zugleich Bestandteil des Kinder- und Jugendhilfegesetzes (SGB VIII). Gleiches gilt für das 2021 in Kraft getretene Kinder- und Jugendstärkungsgesetz (KJSG), das weitere bedeutende Verbesserungen im Bereich des Kinderschutzes gebracht hat. Hierzu gehören die Einrichtung unabhängiger Ombudsstellen (§ 9a SGB VIII) sowie die Verpflichtung, dass jede Kita gemäß § 45 Absatz 2 SGB VIII zur Sicherung der Rechte und des Wohls der Kinder ein Konzept zum Schutz vor Gewalt vorweisen muss.

2.6 Kinder- und Jugendhilfegesetz: Förderung der Entwicklung und Schutz vor Gewalt

Das Kinder- und Jugendhilfegesetz (Achtes Buch Sozialgesetzbuch, SGB VIII) ist Bestandteil des Sozialrechts. Neben Leistungsansprüchen der Eltern enthält das Gesetz Schutz-, Förder- und Beteiligungsrechte der Kinder. Da Kitas Einrichtungen der Kinder- und Jugendhilfe sind, gelten die im SGB VIII enthaltenen Regelungen auch für sie.

Nach § 1 Absatz 1 SGB VIII hat jeder junge Mensch »ein Recht auf Förderung seiner Entwicklung und auf Erziehung zu einer selbstbestimmten, eigenverantwortlichen und gemeinschaftsfähigen Persönlichkeit«. In § 9 Punkt 3 SGB VIII wird die Gleichberechtigung der Geschlechter als zentrales Merkmal und übergreifendes Ziel der Kinder- und Jugendhilfe festgelegt. Entsprechend heißt es dort: Bei der Erfüllung der Aufgaben sind »die unterschiedlichen Lebenslagen von Mädchen, Jungen sowie transidenten, nichtbinären und intergeschlechtlichen jungen Menschen zu berücksichtigen, Benachteiligungen abzubauen und die Gleichberechtigung der Geschlechter zu fördern«.

Der Schutzauftrag der Kinder- und Jugendhilfe wird in § 1 Absatz 3 SGB VIII benannt. Dort heißt es, dass Jugendhilfe »Kinder und Jugendliche vor Gefahren für ihr Wohl schützen« soll. Grundlegende Beteiligungsrechte von Kindern – begrenzt allerdings auf den Bereich der öffentlichen Jugendhilfe – finden sich in § 8 SGB VIII: »Kinder und Jugendliche sind entsprechend ihrem Entwicklungsstand an allen sie betreffenden Entscheidungen der öffentlichen Jugendhilfe zu beteiligen. Sie sind in geeigneter Weise auf ihre Rechte im Verwaltungsverfahren sowie im Verfahren vor dem Familiengericht und dem Verwaltungsgericht hinzuweisen.«

Gemäß § 22 Absatz 3 SGB VIII umfasst der Förderauftrag von Kindertageseinrichtungen und Kindertagespflegestellen »Erziehung, Bildung und Betreuung des Kindes und bezieht sich auf die soziale, emotionale, körperliche und geistige Entwicklung des Kindes. Er schließt die Vermittlung orientierender Werte und Regeln ein. Die Förderung soll sich am Alter und Entwicklungsstand, den sprachlichen und sonstigen Fähigkeiten, der Lebenssituation sowie den Interessen und Bedürfnissen des einzelnen Kindes orientieren und seine ethnische Herkunft berücksichtigen.« Auch wenn die psychosexuelle Entwicklung hier nicht eigens erwähnt wird, ist davon auszugehen, dass sie mitgemeint ist, da sie im Schnittfeld von körperlicher und seelischer Entwicklung angesiedelt werden muss.

Der 2005 eingeführte und seitdem mehrfach geänderte § 8a SGB VIII konkretisiert den Schutzauftrag bei Kindeswohlgefährdung. Der Schutzauftrag gilt sowohl für die Jugendämter als Vertreter der öffentlichen Kinder- und Jugendhilfe als auch für alle übrigen im Bereich der Kinder- und Jugendhilfe tätigen Einrichtungen und Dienste. Während die ersten Absätze die Aufgaben und Arbeitsweise des Jugendamts beschreiben, beinhaltet § 8a Absatz 4 SGB VIII das Vorgehen von anderen »Einrichtungen und Diensten, die Leistungen nach diesem Buch erbringen«. Dazu zählen auch Kindertageseinrichtungen.

§ 8a Absatz 4 SGB VIII: Schutzauftrag bei Kindeswohlgefährdung

» In Vereinbarungen mit den Trägern von Einrichtungen und Diensten, die Leistungen nach diesem Buch erbringen, ist sicherzustellen, dass

1. deren Fachkräfte bei Bekanntwerden gewichtiger Anhaltspunkte für die Gefährdung eines von ihnen betreuten Kindes oder Jugendlichen eine Gefährdungseinschätzung vornehmen,
2. bei der Gefährdungseinschätzung eine insoweit erfahrene Fachkraft beratend hinzugezogen wird sowie
3. die Erziehungsberechtigten sowie das Kind oder der Jugendliche in die Gefährdungseinschätzung einbezogen werden, soweit hierdurch der wirksame Schutz des Kindes oder Jugendlichen nicht in Frage gestellt wird.

In den Vereinbarungen sind die Kriterien für die Qualifikation der beratend hinzuzuziehenden insoweit erfahrenen Fachkraft zu regeln, die insbesondere auch den spezifischen Schutzbedürfnissen von Kindern und Jugendlichen mit Behinderungen Rechnung tragen. Daneben ist in die Vereinbarungen insbesondere die Verpflichtung aufzunehmen, dass die Fachkräfte der Träger bei den Erziehungsberechtigten auf die Inanspruchnahme von Hilfen hinwirken, wenn sie diese für erforderlich halten, und das Jugendamt informieren, falls die Gefährdung nicht anders abgewendet werden kann. «

Gemäß § 8a Absatz 4 SGB VIII gehört es demnach zu den Pflichtaufgaben von Kindertageseinrichtungen, wenn es konkrete Hinweise für die Gefährdung eines von ihnen betreuten Kindes gibt, eine

- Gefährdungseinschätzung vorzunehmen,
- bei der Gefährdungseinschätzung eine insoweit erfahrene Fachkraft hinzuzuziehen sowie
- die Eltern und das Kind in die Gefährdungseinschätzung einzubeziehen, soweit hierdurch der wirksame Schutz des Kindes nicht infrage gestellt wird.

Sofern gewichtige Anhaltspunkte darauf hinweisen, dass die Eltern bzw. ein Elternteil selbst infrage kommen, ihr Kind sexuell zu missbrauchen, muss in der Regel das Jugendamt informiert werden, auch ohne vorher die Eltern einzubeziehen.

Weiterhin enthält das Kinder- und Jugendhilfegesetz wichtige Regelungen zum Datenschutz. Der Schutz persönlicher Daten ist ein wesentlicher Bestandteil des Persönlichkeitsschutzes und unabdingbar für eine vertrauensvolle Zusammenarbeit zwischen Eltern und Kindertageseinrichtung. Er findet allerdings dort seine Grenze, wo elementare Interessen Dritter berührt sind. Dies gilt in besonderer Weise für den Kinderschutz.

§ 62 Absatz 3 Punkt 2d SGB VIII legt ausdrücklich fest, dass zur Erfüllung des Schutzauftrags bei Kindeswohlgefährdung nach § 8a SGB VIII Sozialdaten auch ohne Mitwirkung der betroffenen Person erhoben werden dürfen. Dies bedeutet zum Beispiel, dass das Jugendamt in den Fällen, in denen gewichtige Hinweise für eine Kindeswohlgefährdung vorliegen, bei einer Kindertageseinrichtung auch ohne vorherige Zustimmung der Eltern (als Personensorgeberechtigte für das Kind) Informationen einholen kann, die das Kind betreffen. Allerdings sollte das Jugendamt auch in diesem Fall erwägen, ob nicht eine vorherige Zustimmung der Eltern eingeholt werden kann, um das Vertrauensverhältnis nicht zu gefährden. Umgekehrt gilt, dass die Kindertageseinrichtung im Falle gewichtiger Anhaltspunkte für eine Kindeswohlgefährdung das Jugendamt auch ohne Zustimmung der Eltern informieren kann (und muss), sofern andere Hilfen nicht ausreichend erscheinen, um die Gefährdung abzuwenden.

In manchen Fällen wird das Wohl von Kindern durch Mitarbeiter:innen der Kinder- und Jugendhilfe wie zum Beispiel pädagogische Fachkräfte in Kitas beeinträchtigt oder sogar gefährdet. Um zu verhindern, dass einschlägig (z. B. wegen Verstößen gegen die sexuelle Selbstbestimmung) vorbestrafte Personen beruflich mit Kindern in Kontakt kommen, enthält das Kinder- und Jugendhilfegesetz in

§ 72a SGB VIII Regelungen zum Tätigkeitsausschluss dieser Personen. Die Träger von Kindertageseinrichtungen sind verpflichtet, sich von ihren Beschäftigten in regelmäßigen Abständen ein erweitertes polizeiliches Führungszeugnis vorlegen zu lassen. Dies soll dazu beitragen, dem besonderen Schutzbedürfnis von Kindern in Einrichtungen gerade mit Blick auf Sexualstraftaten Rechnung zu tragen.

Schließlich verpflichtet das Kinder- und Jugendhilfegesetz gemäß § 45 Absatz 2 SGB VIII die Träger von Kindertageseinrichtungen, »zur Sicherung der Rechte und des Wohls von Kindern […] in der Einrichtung die Entwicklung, Anwendung und Überprüfung eines Konzepts zum Schutz vor Gewalt, geeignete Verfahren der Selbstvertretung und Beteiligung sowie der Möglichkeit der Beschwerde in persönlichen Angelegenheiten innerhalb und außerhalb der Einrichtung« zu gewährleisten.

ÜBERBLICK

Schutz, Förderung und Beteiligung – das Kinder- und Jugendhilfegesetz

§ 1 Absatz 1	Recht auf Förderung der Entwicklung und auf Erziehung zu einer selbstbestimmten, eigenverantwortlichen und gemeinschaftsfähigen Persönlichkeit
§ 1 Absatz 3	Schutz vor Gefahren
§ 8	Beteiligung an allen das Kind betreffenden Entscheidungen der öffentlichen Jugendhilfe
§ 8a Absatz 4	Schutzauftrag bei Kindeswohlgefährdung
§ 9 Punkt 3	Berücksichtigung der unterschiedlichen Lebenslagen von Mädchen und Jungen sowie transidenten, nichtbinären und intergeschlechtlichen jungen Menschen, Abbau von Benachteiligungen, Förderung der Gleichberechtigung der Geschlechter
§ 9a	Einrichtung unabhängiger Ombudsstellen
§ 22 Absatz 3	Förderauftrag der Kita (Erziehung, Bildung, Betreuung) bezieht sich auf die soziale, emotionale, körperliche und geistige Entwicklung des Kindes

§ 45 Absatz 2	Verpflichtung der Kita zur Entwicklung, Anwendung und Überprüfung eines Konzepts zum Schutz vor Gewalt, Verfahren der Beteiligung, Möglichkeiten der Beschwerde innerhalb und außerhalb der Einrichtung
§ 62 Absatz 3 Punkt 2d	Kinderschutz hat Vorrang vor Datenschutz
§ 72a	Tätigkeitsausschluss einschlägig vorbestrafter Personen; Verpflichtung zur regelmäßigen Vorlage eines erweiterten polizeilichen Führungszeugnisses

3.

Fachliche Orientierung: sexuelle Bildung, Gender-Mainstreaming und Schutz vor sexualisierter Gewalt

Die Themen in diesem Kapitel sind

→ wie sich sexuelle Bildung und Schutz vor sexualisierter Gewalt ergänzen

→ Bedeutung fachlicher Standards im Bereich der sexuellen Bildung

→ Prinzipien einer geschlechterbewussten und -gerechten Pädagogik

→ Leitlinien zur Prävention und Intervention bei sexuellem Kindesmissbrauch

→ Empfehlungen und Ziele der Bildungsrahmenpläne

3.1 Sexuelle Bildung und Schutz vor sexualisierter Gewalt – zwei Seiten einer Medaille

Kinder sind Träger:innen von Schutzrechten, Förderrechten und Beteiligungsrechten. Diese drei Säulen in dem »Gebäude der Kinderrechte« (siehe Kapitel 2) sind eng miteinander verbunden und unteilbar. Eine an den Rechten der Kinder orientierte Sexualpädagogik in der Kita stellt darum beides sicher: sexuelle Bildung und den Schutz der Kinder vor sexualisierter Gewalt.

Sexuelle Bildung und Schutz vor Grenzverletzungen, Übergriffen und Missbrauch sind zwei Seiten einer Medaille. Eine Sexualpädagogik, die allein auf Förderung setzt, vernachlässigt die Schutzbedürfnisse und Schutzrechte der Kinder. Darüber hinaus übersieht ein solcher Ansatz, dass Bildung nur gelingt, wenn ein sicherer und schützender Rahmen vorliegt, in dem sich die Neugier und der Wissensdurst der Kinder erst entfalten können. Umgekehrt gilt, dass eine Pädagogik, die einseitig auf Schutz und Abwehr zielt, Kindern wichtige Bildungserfahrungen vorenthält, was ihre Entwicklung hemmen kann. Fraglich ist auch, ob eine allein auf Schutz ausgerichtete Pädagogik ihren Zweck tatsächlich erreicht. Denn »selbstständige Kinder, gut aufgeklärte Kinder, Kinder, die Begriffe für die Genitalien haben, und Kinder, die den Mut haben, sich Hilfe zu holen, sind besser gewappnet. Insofern gehört eine frühe, altersadäquate Sexualaufklärung zu den zentralen Strategien in der Prävention sexuellen Missbrauchs« (Fegert & Liebhardt 2012, S. 21).

Ganzheitliche Sexualpädagogik in der Kita umfasst daher einerseits sexuelle Bildung. Hierzu gehören eine geschlechterbewusste und geschlechtergerechte Pädagogik sowie Sexualaufklärung und Sexualerziehung. Andererseits gehören zu einer ganzheitlichen Sexualpädagogik der Schutz der Kinder vor sexuellen Übergriffen durch andere Kinder sowie der Schutz vor Grenzverletzungen, Übergriffen und sexuellem Missbrauch durch Jugendliche und Erwachsene.

Ganzheitliche Sexualpädagogik in der Kita

ÜBERBLICK

Sexuelle Bildung	Geschlechterbewusste und geschlechtergerechte Pädagogik; Sexualaufklärung und Sexualerziehung
Schutz vor sexualisierter Gewalt	Schutz vor sexuellen Übergriffen durch Kinder; Schutz vor Grenzverletzungen, sexuellen Übergriffen und sexuellem Missbrauch durch Jugendliche und Erwachsene in Familie und Kita

Sexualpädagogik in der Kita braucht Klarheit und Transparenz. Dies gilt auch für den Umgang mit Begriffen. Im Folgenden werden daher die Begriffe sexuelle Bildung, geschlechterbewusste und geschlechtergerechte Pädagogik, geschlechtsspezifische Pädagogik, Gender-Mainstreaming, Sexualaufklärung, Sexualerziehung, sexualisierte Gewalt, sexuelle Grenzverletzung, sexueller Übergriff und sexueller Missbrauch näher beschrieben bzw. definiert.

Sexuelle Bildung: Der Begriff Bildung bezieht sich sowohl auf den Prozess (»sich bilden«) als auch auf den Zustand (»gebildet sein«). In erster Linie sind es die Kinder selbst, die sich aktiv die Welt aneignen, auch in sexueller Hinsicht. Die Selbstbildung des Kindes ist allerdings auf erwachsene Unterstützung angewiesen (Bildung als ko-konstruktiver Prozess). Zu dieser Unterstützung gehören sichere Rahmenbedingungen sowie förderliche Angebote, die die Kinder aufgreifen und nutzen können. Bildung ist nicht allein auf kognitives Lernen gerichtet, sondern bezieht im Sinne von Persönlichkeitsbildung gleichermaßen körperliche, emotionale und soziale Lernprozesse mit ein. Vor diesem Hintergrund hat der Erziehungswissenschaftler Uwe Sielert sexuelle Bildung definiert als »durch lernförderliche Impulse gestützte Selbstformung der sexuellen Identität einer Person mit dem Ziel ihrer individuell befriedigenden und sozial verträglichen Entfaltung auf allen Persönlichkeitsebenen und in allen Lebensaltern« (Sielert 2008, S. 39).

Geschlechterbewusste und geschlechtergerechte Pädagogik: Eine Pädagogik, welche die Bedeutung der Geschlechtszugehörigkeit, von Geschlechtsunterschieden und Geschlechtsstereotypien berücksichtigt, wird als »geschlechterbewusste Pädagogik« bezeichnet. Damit verbunden ist »eine Haltung der Aufmerksamkeit und des bewussten Umgangs mit geschlechterbezogenen Zusammenhängen sowohl bei Kindern als auch bei den Pädagogen selbst« (Rohrmann & Sozialpädagogisches Fortbildungswerk Berlin-Brandenburg 2012, S. 12). Gleichbedeutend wird auch von geschlechtssensibler oder geschlechterreflektierender Pädagogik gesprochen. Eng verwandt ist der Begriff der geschlechtergerechten Pädagogik, der mehr das Ziel der Gleichberechtigung und Chancengleichheit im Blick hat.

Geschlechtsspezifische Pädagogik: Deutlich zu unterscheiden von einer geschlechterbewussten Pädagogik sind »geschlechtsspezifische Ansätze«. Darunter werden unterschiedliche (geschlechtshomogene) Angebote für Mädchen bzw. Jungen verstanden, die zumeist in Gruppen von Frauen für Mädchen und von Männern für Jungen angeboten werden. Geschlechtergetrennte Angebote kommen jedoch in der Kita selten vor.

Gender-Mainstreaming: Der Begriff Gender-Mainstreaming bezeichnet die Gesamtheit der Initiativen mit dem Ziel, die Gleichstellung der Geschlechter auf allen institutionellen und gesellschaftlichen Ebenen durchzusetzen. Die geschlechtergerechte Ausrichtung wird als Querschnittsaufgabe verstanden und richtet sich – im Unterschied zur Frauen- bzw. Männerpolitik – gleichermaßen auf die Situation von Frauen und Männern bzw. Mädchen und Jungen. Gender-Mainstreaming ist ein offizielles Ziel der Gleichstellungspolitik der Europäischen Union und daher für alle EU-Staaten verbindlich. Entsprechende Initiativen spielen insbesondere in öffentlichen Einrichtungen eine Rolle. In der Privatwirtschaft wird eher der Begriff Diversity-Management benutzt. Für Kindertageseinrichtungen ist Gender-Mainstreaming vor allem in politischer Hinsicht von Bedeutung. Mehr männliche Fachkräfte zu gewinnen, eine größere gesellschaftliche Wertschätzung des Berufsstandes, verbesserte Ausbildung und Bezahlung sind unter gleichstellungspolitischen Gesichtspunkten wichtige Ziele.

Sexualaufklärung: Mit dem Begriff Sexualaufklärung wird üblicherweise die Information über Fakten und Zusammenhänge zu allen Aspekten menschlicher Sexualität bezeichnet. Der Begriff zielt vor allem auf kognitives Lernen bzw. Wissensvermittlung. Sexualaufklärung ist ein Teilbereich der Sexualerziehung.

Sexualerziehung: Erziehung meint die Einübung von körperlichen, geistigen, emotionalen und sozialen Kompetenzen, die für das Leben in einer Gesellschaft und Kultur erforderlich sind. Erziehung ist auf ein Ziel gerichtet (gelingendes Leben) und an Normen orientiert. »Sexualerziehung« meint daher die absichtsvolle Einflussnahme »auf die Entwicklung sexueller Motivationen, Ausdrucks- und Verhaltensformen sowie von Einstellungs- und Sinnaspekten der Sexualität von Kindern, Jugendlichen und Erwachsenen« (Sielert 2008, S. 39).

Sexualisierte Gewalt: »Sexualisierte Gewalt« als Oberbegriff bezeichnet sehr unterschiedliche Formen sexualisierter Gewalthandlungen. »Alltägliche« sexuelle Anmache, anzügliche Witze und Belästigungen sind damit ebenso gemeint wie sexuelle Nötigung bis hin zur Vergewaltigung, sexuellem Missbrauch und unterschiedlichen Formen organisierter sexualisierter Gewalt (Ausbeutung von Kindern in Prostitution, Missbrauchsdarstellungen). Gemeinsam ist allen Formen sexualisierter Gewalt, dass weniger das sexuelle Verlangen als vielmehr die Ausübung von Macht über die Opfer eine zentrale Rolle spielt.

Im Sinne einer guten Kinderschutzpraxis hat es sich als zweckmäßig erwiesen, zwischen Grenzverletzungen, sexuellen Übergriffen und sexuellem Missbrauch zu unterscheiden (vgl. Enders 2012, S. 30 ff.).

Sexuelle Grenzverletzung: Unter »Grenzverletzungen« werden Verhaltensweisen verstanden, welche die persönlichen Grenzen eines Menschen verletzen. Dabei spielt es keine Rolle, ob die Verletzung beabsichtigt oder unbeabsichtigt erfolgt. Verletzt werden können sowohl die Grenzen zwischen einzelnen Personen als auch Geschlechter- und Generationengrenzen.

Sexueller Übergriff: »Sexuelle Übergriffe« sind geplante, nicht zufällige Handlungen, durch die die Grenzen eines Menschen massiv und/oder wiederholt verletzt werden. Von Grenzverletzungen unterscheiden sich sexuelle Übergriffe durch ihre Intensität und/oder Häufigkeit.

Sexueller Missbrauch: Im strafrechtlichen Sinn (siehe Kapitel 2.4) ist sexueller Missbrauch eine Straftat gegen die sexuelle Selbstbestimmung. Sexuelle Handlungen von Erwachsenen an oder mit Kindern sind immer strafbar, auch dann, wenn sich das Kind scheinbar einverstanden gezeigt hat. In einer sozialwissenschaftlichen (nicht juristischen) Definition wird unter sexuellem Missbrauch von Kindern »eine die geltenden Generationenschranken überschreitende sexuelle Aktivität eines Erwachsenen oder Jugendlichen mit Minderjährigen [verstanden], in Form von Belästigung, Masturbation, oralem, analem oder genitalem Verkehr oder sexueller Nötigung bzw. Vergewaltigung sowie sexueller Ausbeutung durch Nötigen von Minderjährigen zu pornographischen Aktivitäten und Prostitution. Durch den Missbrauch werden die körperliche und seelische Entwicklung, die Unversehrtheit und Autonomie sowie die sexuelle Selbstbestimmung der Minderjährigen gefährdet und beeinträchtigt und ihre Gesamtpersönlichkeit nachhaltig gestört« (Maywald 2013, S. 53).

Sexuelle Bildung und Schutz vor sexualisierter Gewalt als zwei zusammengehörende Seiten einer Medaille anzusehen bedeutet, beide Aspekte einem gemeinsamen Ziel zuzuordnen: der Stärkung der sexuellen Identität und der sexuellen Selbstbestimmung jedes Kindes. Dieses Ziel kann erreicht werden durch die Ermöglichung und Förderung (1) eines realistischen Selbstkonzepts, (2) eines angemessenen Selbstwertgefühls und (3) einer realistischen Selbstwirksamkeit der Kinder (vgl. Sielert 2010).

Ein realistisches Selbstkonzept fördern

Mit einem realistischen Selbstkonzept entwickeln Kinder ein zutreffendes Bild von sich selbst, das die Aspekte von Körperlichkeit und Sexualität einschließt. Voraussetzung hierfür sind ein altersentsprechend anwachsendes Wissen über Körper und Sexualität, aber auch die Erkenntnis des Kindes darüber, was es selbst mag, was es kann, was es sich zutraut, wo seine Grenzen liegen, welche Grenzen andere Menschen haben und was nicht in Ordnung ist.

Ein angemessenes Selbstwertgefühl fördern

Ein angemessenes Selbstwertgefühl zu entwickeln bedeutet, sich selbst mit seinen Empfindungen, Gefühlen und Gedanken als wertvoll und gut zu empfinden. Hierzu gehört auch, sich selbst mit seinen Wünschen nach Zärtlichkeit, mit seiner Körperlust und mit seiner Sehnsucht nach erfüllenden Beziehungen anzunehmen. »Deshalb sollte einem Kind von Anfang an das Gefühl vermittelt werden, dass es gut ist wie es fühlt, denkt, handelt – auch mit seinen Quellen der Beziehungs- und Lebenslust, auch der puren Lust an sich selbst. Libido als Lebensenergie macht stark gegen Frustrationen, die unausweichlich sind, die auch dazukommen müssen, um ›mein eigen‹ zu werden, um ›Ich‹ sagen zu können« (Sielert 2010, S. 27).

Realistische Selbstwirksamkeit fördern

Selbstwirksamkeit heißt, über sich selbst zu bestimmen und sich selbst als Beteiligte:n zu erleben, der/die sich einbringen kann und Wirkung ausübt. »Kinder müssen in kleinen Schritten ermächtigt werden, müssen Eigenmacht entwickeln, sich selbst bestimmen lernen, Selbstbestimmung eben; nicht Allmacht entwickeln, nicht Ohnmacht erlernen, sondern erfahren, dass sie partiell mächtig sind. Deshalb ist Trotz auch so wichtig als Durchgangsstadium. Deshalb müssen auch sinnvolle Grenzen erfahren werden, die sich aus den Gefühlen anderer und dem Recht auf Intimitätsschutz ergeben und die letztlich auch zur Kultivierung der Sinnlichkeit führen« (Sielert 2010, S. 27).

3.2 Fachstandards für Sexualaufklärung und sexuelle Bildung

Das europäische Regionalbüro der Weltgesundheitsorganisation (WHO) hat gemeinsam mit der Bundeszentrale für gesundheitliche Aufklärung (BZgA) »Standards für die Sexualaufklärung in Europa« veröffentlicht (vgl. BZgA 2011). Darin werden Sexualaufklärung und sexuelle Bildung als Bestandteile der allgemeinen Bildung mit dem Ziel angesehen, die Entwicklung der kindlichen Persönlichkeit zu fördern. Zugleich soll Sexualaufklärung ermöglichen, negative Folgen von Sexualität zu vermeiden. Sie wird als wichtiger Beitrag zu einer allgemeinen Gesundheitsförderung betrachtet.

Die Standards gehen davon aus, dass die psychosexuelle Entwicklung des Kindes mit der Geburt beginnt. Es wird ausdrücklich empfohlen, Sexualaufklärung und sexuelle Bildung bereits in den ersten Lebensjahren des Kindes zu thematisieren. Dabei soll es nicht nur um die bloße Vermittlung von Fakten gehen. Als ebenso wichtig gilt, die Entwicklung der kindlichen Sinnes- und Körperwahrnehmung und des Körperbildes zu fördern und das Kind zu befähigen, sich verantwortlich gegenüber sich selbst und anderen zu verhalten.

Ziel soll sein, das natürliche Lernen der Kinder durch aktives Informieren zu ergänzen, um auf diese Weise das Thema zu normalisieren. »Die Fragen des Kindes werden in altersgerechter Form beantwortet und es wird ihm vermittelt, dass sexuelle Themen positiv sein können. Das Kind kann auf diese Weise eine positive Einstellung zu seinem Körper entwickeln und entsprechende Kommunikationsfähigkeiten erlernen (wie etwa die richtige Bezeichnung der Körperteile). Gleichzeitig wird dem Kind vermittelt, dass es individuelle Grenzen und soziale Regeln gibt, die einzuhalten sind (›Du darfst nicht einfach jeden anfassen‹). Noch wichtiger allerdings ist, dass das Kind lernt, seine eigenen Grenzen zu erkennen und zu benennen (›Du darfst nein sagen; du darfst um Hilfe bitten‹). In diesem Sinne ist Sexualaufklärung auch Sexualerziehung und unterstützt die Prävention des sexuellen Missbrauchs« (ebd., S. 39).

In den Standards werden sieben Grundsätze einer ganzheitlichen Sexualaufklärung formuliert (ebd., S. 31):

»(1) Sexualaufklärung ist altersgerecht hinsichtlich Entwicklungs- und Wissensstand der jungen Menschen und berücksichtigt kulturelle, soziale und genderspezifische Gegebenheiten. Sie entspricht der Lebenswirklichkeit junger Menschen.«
Für die Kita bedeutet dies, sexualpädagogische Themen bevorzugt in altersähnlichen Gruppen zu besprechen bzw. anzubieten. Aufgrund des großen Entwicklungsunterschieds ergibt es hier wenig Sinn, zum Beispiel zwei- und fünfjährige Kinder in einer Gruppe zusammenzufassen. Überlegt werden sollte auch, in welchen Situationen bzw. bei welchen Themen koedukative Angebote sinnvoll sind und wann Jungen und Mädchen (z. B. im Ganztag bzw. Hort) besser von geschlechtsspezifischen Gruppen profitieren können.

»(2) Sexualaufklärung basiert auf einem Ansatz, der sich an (sexuellen und reproduktiven) Menschenrechten orientiert.«
Gemäß Artikel 24 Absatz 2f der UN-Kinderrechtskonvention ist Sexualaufklärung ein Kindermenschenrecht, das zu verwirklichen nicht im Belieben einzelner Erwachsener liegt. Auf die Kita bezogen heißt dies, sexualpädagogische Themen als Pflichtaufgabe zu verstehen, insbesondere wenn Kinder selbst solche Themen ansprechen oder wenn ihr Verhalten darauf hinweist, dass bei ihnen diesbezüglich ein Informations- bzw. Bildungsbedarf besteht.

»(3) Sexualaufklärung basiert auf einem ganzheitlichen Konzept des Wohlbefindens, das auch die Gesundheit einschließt.«
Körperliches, seelisches, geistiges und soziales Wohlsein hängen bei Themen rund um Liebe und Zuneigung, Zärtlichkeit und Sexualität eng miteinander zusammen. Aufgabe der Kita ist es, diese Aspekte im Sinne eines ganzheitlichen Gesundheitsverständnisses nicht voneinander zu isolieren, sondern sie immer wieder aufeinander zu beziehen.

»(4) Sexualaufklärung orientiert sich eindeutig an der Gleichstellung der Geschlechter, an Selbstbestimmung und Anerkennung der Vielfalt.«
Für die Kita heißt dies, sexualpädagogische Angebote an den menschenrechtlichen Prinzipien der Gleichwertigkeit und Gleichberechtigung der Geschlechter zu orientieren. Jedes Kind soll dabei unterstützt werden, die zu ihm passende geschlechtliche Identität zu finden und ein auch in sexueller Hinsicht selbstbestimmtes Leben zu führen.

»(5) Sexualaufklärung beginnt mit der Geburt.«
Sexualpädagogik ist nicht an eine (untere) Altersgrenze gebunden. Im Gegenteil,

jedes Alter hat hinsichtlich der psychosexuellen Entwicklung eine wichtige Bedeutung, die von der Kita erkannt und wertgeschätzt werden sollte.

»(6) Sexualaufklärung kann zu einer von Mitgefühl und Gerechtigkeit geprägten Gesellschaft beitragen, indem sie Menschen und Gemeinschaften zu einem respektvollen Umgang miteinander befähigt.«
Eine auf Achtung und wechselseitigen Respekt gegründete Sexualpädagogik in der Kita wirkt über die Kindergruppe hinaus. Sie stärkt die Vorbildrolle der Mitarbeiter:innen, trägt zu einem guten Arbeitsklima bei und beeinflusst positiv das Verhältnis zu den Eltern, zum Träger und darüber hinaus.

»(7) Sexualaufklärung basiert auf wissenschaftlich korrekten Informationen.«
Eine professionelle Sexualpädagogik setzt aktuelles fachliches Wissen und pädagogische Kompetenzen voraus. Besonders die Einrichtungsleitungen sind aufgefordert, dieses Wissen und diese Kenntnisse auf jeweils aktuellem Stand zu halten und den Mitarbeiter:innen die Teilnahme unter anderem an Fortbildungen zu ermöglichen. Auch die Träger der Einrichtungen haben hier eine Verantwortung.

Basierend auf diesen Grundsätzen enthalten die Standards für die Sexualaufklärung eine Reihe von Zielsetzungen. Sexualaufklärung

- »trägt zu einem sozialen Klima bei, das sich durch Toleranz, Offenheit und Respekt gegenüber Sexualität, verschiedenen Lebensstilen, Haltungen und Werten auszeichnet.
- Sie fördert die Achtung vor der Vielfalt und Verschiedenheit der Geschlechter sowie das Bewusstsein für sexuelle Identität und Geschlechterrollen.
- Sie befähigt die Menschen, informierte Entscheidungen zu treffen und entsprechend eigen- und partnerverantwortlich zu handeln.
- Sie trägt bei zum Bewusstsein für und zu Kenntnissen über den menschlichen Körper, seine Entwicklung und Funktionen, insbesondere in Bezug auf Sexualität.
- Sie befähigt die Menschen, sich als sexuelle Wesen zu entwickeln. Dies bedeutet zu lernen, Gefühle und Bedürfnisse auszudrücken, Sexualität lustvoll zu erfahren sowie die eigene Geschlechterrolle und sexuelle Identität zu entwickeln.
- Sie stellt angemessene Informationen bereit über die körperlichen, kognitiven, sozialen, emotionalen und kulturellen Aspekte der Sexualität, über Verhütung und die Prävention von sexuell übertragbaren Krankheiten, HIV und sexueller Nötigung.

- Sie vermittelt die nötigen Lebenskompetenzen, um mit allen Aspekten von Sexualität und Beziehungen umgehen zu können.
- Sie verbreitet Informationen über den Zugang zu Beratungs- und medizinischen Leistungen, insbesondere bei Problemen und Fragen zur Sexualität.
- Sie regt eine Reflexion über Sexualität und unterschiedliche Normen und Werte hinsichtlich der Menschenrechte an, damit eine eigene, kritische Haltung entwickelt werden kann;
- Sie unterstützt die Fähigkeit, (sexuelle) Beziehungen aufzubauen, die sich durch gegenseitiges Verständnis und Respekt für die Bedürfnisse und Grenzen des Gegenübers auszeichnen, und gleichberechtigte Beziehungen zu führen. Dies trägt dazu bei, sexuellem Missbrauch und sexueller Gewalt vorzubeugen.
- Sie befähigt, über Sexualität, Emotionen und Beziehungen zu kommunizieren, und unterstützt die Ausbildung der dafür notwendigen Reflexions-, Sprach- und Kommunikationskompetenz« (BZgA 2011, S. 31).

3.3 Gender-Mainstreaming in Kitas

Die systematische Umsetzung des Leitprinzips der Geschlechtergerechtigkeit wird als Gender-Mainstreaming bezeichnet. »Gender Mainstreaming bedeutet, bei allen gesellschaftlichen Vorhaben die unterschiedlichen Lebenssituationen und Interessen von Frauen und Männern von vornherein und regelmäßig zu berücksichtigen, da es keine geschlechtsneutrale Wirklichkeit gibt« (BMFSFJ 2005, S. 2).

Welche Konsequenzen sich aus dem Prinzip des Gender-Mainstreamings für Kitas und deren Träger ergeben, hat die Arbeitsgemeinschaft für Kinder- und Jugendhilfe (AGJ) in einem trägerübergreifenden Diskussionspapier dargestellt. Unter dem Titel »Geschlechtersensibilität als Merkmal und Gegenstand von Erziehung, Bildung und Betreuung in Kindertageseinrichtungen« wurden Anforderungen an Fachkräfte, pädagogische Konzepte sowie an Organisations- und Personalentwicklung formuliert (vgl. AGJ 2012). Gender-Mainstreaming in Kitas umfasst demnach vor allem die folgenden Punkte:

Auseinandersetzung der Mitarbeiter:innen und im Team mit der eigenen Entwicklung und Haltung als Frau bzw. als Mann: Die Beschäftigung mit den erworbenen geschlechterbezogenen Normen, Werten und Vorstellungen ist eine wichtige Voraussetzung für eine geschlechtersensible Arbeit in der Kita.

Unterstützung der Kinder bei ihrer Suche nach einem Verständnis des eigenen und des anderen Geschlechts: Die pädagogische Herausforderung besteht darin, die Kinder bei der Entwicklung ihrer geschlechtlichen Identität zu begleiten und zu unterstützen, ohne sie jedoch in geschlechtsspezifische Rollen zu drängen. Hierzu gehören unter anderem die bewusste Wahrnehmung von Geschlechtsrollen, die Reflexion von Sprache und Kommunikation, eine geschlechterreflektierende Gestaltung der Räumlichkeiten und Spielzonen sowie die geschlechterbewusste Auswahl von Spielmaterialien und Büchern. Die Kinder sollten nach Möglichkeit reale weibliche und männliche Vorbilder erfahren können und dadurch die unterschiedlichen und vielfältigen Ausprägungen der verschiedenen Geschlechter kennenlernen. Bei der pädagogischen Planung werden – unter Berücksichtigung der Sichtweisen der Kinder – sowohl koedukative als auch geschlechtergetrennte Angebote vorgesehen.

Einbeziehung der Eltern in den gemeinsamen Lernprozess: Eine geschlechtersensible Pädagogik ist auf die Einbeziehung und Beteiligung der Eltern angewiesen. In der Erziehungs- und Bildungspartnerschaft mit den Eltern werden Mütter und Väter gleichermaßen mit Aktivitäten und Angeboten angesprochen. Wichtig ist dabei, gemeinsam mit ihnen die vielfach kulturell und religiös geprägten Verhaltensnormen und Geschlechterbilder zu reflektieren. Zugleich kommt es darauf an, unabhängig von den Haltungen der Eltern die Chancen einer geschlechtersensiblen und geschlechtergerechten Pädagogik für die Kinder deutlich zu machen. Auf diese Weise kann es gelingen, auch eine heterogene Elternschaft für diesen Lernprozess zu gewinnen.

Initiierung und Unterstützung einer geschlechtersensiblen Pädagogik durch die Leitung: Die Leitung hat die Aufgabe, die Umsetzung geschlechtersensibler Pädagogik zu initiieren, zu begleiten und zu unterstützen. Das schließt ein, geschlechterbewusste und geschlechtergerechte Pädagogik als Qualitätsmerkmal der pädagogischen Praxis zu erkennen und in Leitbild und Konzept der Einrichtung zu verankern. Bei Einstellungen von Personal sollte ein Anforderungsprofil zugrunde gelegt werden, das Frauen und Männer gleichermaßen anspricht und auf Geschlechtsstereotypien verzichtet. Ziel ist es, dass die Kinder sowohl weiblichen als auch männlichen Mitarbeiter:innen begegnen können, ohne dass dabei stereotype Weiblichkeits- und Männlichkeitsbilder reproduziert werden. Dass Frauen und Männer zum Team gehören, garantiert für sich genommen noch keine geschlechterbewusste Erziehung.

Qualitätsentwicklung und -sicherung durch den Träger: Aufgabe der Träger ist es, Qualitätsentwicklung und Qualitätssicherung im Hinblick auf Geschlechtergerechtigkeit zu gewährleisten. Hierzu gehört, den Beschäftigten ausreichende Möglichkeiten für Fort- und Weiterbildung, Beratung und bei Bedarf Supervision zur Verfügung zu stellen und nach innen und außen für Geschlechtergerechtigkeit und das Prinzip des Gender-Mainstreamings einzutreten.

Vermittlung einer geschlechtersensiblen Pädagogik und des Gender-Mainstreamings in den Aus- und Fortbildungen: Nicht zuletzt erfordert die Umsetzung des Gender-Mainstreamings, sämtliche Themen rund um »Sex« und »Gender« in die Aus- und Fortbildung zu integrieren. Zu diesem Zweck müssen die Ausbildungsordnungen entsprechend angepasst werden und es ist dafür zu sorgen, dass entsprechend qualifiziertes Lehrpersonal ausreichend zur Verfügung steht.

3.4 Empfehlungen des »Runden Tisches Sexueller Kindesmissbrauch«

Anfang 2010 erreichten die Öffentlichkeit zahlreiche Berichte von Betroffenen über sexuellen Missbrauch und Gewalt in Institutionen. Bestürzend an diesen Schilderungen war vor allem, dass Einrichtungen wie zum Beispiel Schulen, Heime und Internate kirchlicher und sonstiger Träger in großer Zahl die ihnen anvertrauten Kinder nicht wirksam vor Missbrauch hatten schützen können. Warnsignale waren übersehen, Hilfsbedürftigkeit war nicht erkannt, Taten waren bagatellisiert oder sogar vertuscht worden.

Vor diesem Hintergrund richtete die Bundesregierung in den Jahren 2010/2011 den »Runden Tisch Sexueller Kindesmissbrauch in Abhängigkeits- und Machtverhältnissen in privaten und öffentlichen Einrichtungen und im familiären Bereich« ein, an dem Expert:innen aus Wissenschaft und Fachpraxis mit Betroffenen sexuellen Missbrauchs und Verantwortlichen aus Politik zusammentrafen. Etwa zum selben Zeitpunkt wurde das Amt eines/einer Unabhängigen Beauftragten zur Aufarbeitung des sexuellen Kindesmissbrauchs (www.beauftragte-missbrauch.de) eingerichtet, dessen Geschäftsstelle unter anderem als Anlaufstelle für Betroffene dient.

Auch wenn Berichte über sexuellen Missbrauch durch Fachkräfte in Kindertageseinrichtungen bisher keinen großen Anteil an der Gesamtzahl der in den letzten Jahren bekannt gewordenen Fälle einnehmen, kommt Kitas eine wichtige Rolle vor allem bei der Prävention zu. In seinem Abschlussbericht hat der Runde Tisch diese Aufgabe der Bildungseinrichtungen wie folgt beschrieben: »Die Weitergabe von Wissen zu sexualisierter Gewalt und ihren Folgen [ist] für all jene unerlässlich, die Kinder und Jugendliche erziehen, bilden und betreuen. Es ist sowohl Aufgabe der Eltern als auch Teil der Bildungs- und Erziehungsarbeit in Kindergärten und Schulen, Kinder und Jugendliche in ihrer Gesamtpersönlichkeit zu stärken, sie dabei zu unterstützen, ihre eigenen Gefühle, Bedürfnisse und Grenzen wahrzunehmen und zu benennen. Außerdem sind sie geschlechtsdifferenziert und altersangemessen über Formen von (sexualisierter) Gewalt und über ihre eigenen Rechte zu informieren« (Bundesministerium der Justiz et al. 2011, S. 37).

Zur Umsetzung dieser Aufgabe hat der Runde Tisch »Leitlinien zur Prävention und Intervention sowie zur langfristigen Aufarbeitung und Initiierung von Veränderungen nach sexualisierter Gewalt durch Mitarbeiterinnen und Mitarbeiter in Institutionen« (ebd.) verabschiedet, die sich auch an Kindertageseinrichtungen richten. Die Mitglieder des Runden Tisches waren sich darin einig, dass die Umsetzung der in diesen Leitlinien enthaltenen Mindeststandards ein förderrelevanter Faktor in Zusammenhang mit der Erteilung der Betriebserlaubnis sein sollte. Durch die Verabschiedung des Bundeskinderschutzgesetzes hat diese Forderung inzwischen Gesetzeskraft erlangt. Der 2012 in das Kinder- und Jugendhilfegesetz aufgenommene § 79a SGB VIII enthält die Verpflichtung von Trägern der Kinder- und Jugendhilfe – darunter auch die Träger von Kitas – zur Qualitätsentwicklung, unter anderem in Bezug auf die Sicherung der Rechte der Kinder und ihren Schutz vor Gewalt.

Die vom Runden Tisch beschlossenen Leitlinien enthalten Mindeststandards auf den drei Handlungsebenen (1) Prävention, (2) Intervention und (3) langfristige Aufarbeitung und Veränderung. Im Zentrum des Handlungskonzeptes stehen »die Sicherung der Rechte von Kindern und Jugendlichen, deren Schutz, die Sicherung des Kindeswohls und die Förderung der altersgemäßen Entwicklung eines aufgeklärten, selbstbestimmten und nicht-tabuisierten Umgangs mit Sexualität« (ebd., S. 125).

Handlungsebene »Prävention«

Gefordert werden allgemeine Präventionsmaßnahmen, die Durchführung einer Risikoanalyse sowie spezifische Präventionsmaßnahmen. Zu den allgemeinen Präventionsmaßnahmen gehören zielgruppenadäquate Informationen über die Haltung des Trägers, Verfahren zum Umgang für alle Beteiligten und die Verankerung des Themas sexueller Missbrauch in der internen Gremienarbeit sowie in Qualifizierungs- und Fortbildungsmaßnahmen. Mit Risikoanalyse ist die strukturelle und arbeitsfeldspezifische Analyse von Risiken in den Einrichtungen gemeint. Spezifische Präventionsmaßnahmen beziehen sich unter anderem auf:

- »Entwicklung von geschlechts- und zielgruppenspezifischen Angeboten und Aufklärung«
- »Informationen über interne Beschwerdeverfahren und externe Ansprechpartnerinnen und Ansprechpartner für Kinder [...] und Eltern«
- »Verankerung der Trägerhaltung in der Gestaltung der Dienstverhältnisse (Ansprechen der Trägerhaltung in den Einstellungsgesprächen, (Zusatz-) Vereinbarung zum oder im Arbeitsvertrag, Vorlage eines erweiterten polizeilichen Führungszeugnisses in regelmäßigen Abständen)« (ebd., S. 128)

Handlungsebene »Intervention«

Diese Handlungsebene meint die Verabschiedung eines Notfallplans für den Fall einer Vermutung bzw. eines Verdachts auf mögliche Grenzverletzungen, Übergriffe oder sexuellen Missbrauch. Ein abgestufter Handlungsplan soll Angaben unter anderem zu den Verantwortlichkeiten und Einschätzungsaufgaben, zu Sofortmaßnahmen und Meldepflichten sowie zur Einschaltung der Strafverfolgungsbehörden und zur Dokumentation der Fälle enthalten (vgl. ebd., S. 128 f.).

Handlungsebene »Langfristige Aufarbeitung und zukunftsgerichtete Veränderung«

Dieser vom Runden Tisch geforderte Mindeststandard bezieht sich auf den Umgang mit aufgetretenen Fällen sexualisierter Gewalt oder mit fälschlicherweise eingeleiteter Strafverfolgung. Es wird unter anderem empfohlen, bei dem notwendigen Aufarbeitungsprozess fachliche unabhängige Unterstützung hinzuzuziehen und eine Organisationsanalyse zu erstellen, um mögliche Fehler nicht nur bei einzelnen Personen zu suchen, »sondern Fehlerquellen und Mängel vorwiegend in der Struktur der Organisation auszumachen« (ebd., S. 130).

3.5 Bezug zu den Bildungsrahmenplänen

Die Bildungsrahmenpläne für den Elementarbereich sämtlicher Bundesländer enthalten Aussagen zu geschlechterbewusster und geschlechtergerechter Pädagogik. Allerdings bestehen erhebliche Unterschiede hinsichtlich Zielgruppen, Umfang und Konkretisierung. Die Rahmenpläne in den meisten Bundesländern beziehen sich auf die Altersgruppe null bis sechs Jahre (Krippe und Kindergarten), ein kleiner Teil schließt den Grundschul- bzw. Ganztagsbereich mit ein und erstreckt sich auf Kinder bis zum zehnten Lebensjahr.

In manchen Rahmenplänen sind die Aussagen zu »Sex« und »Gender« sehr knapp gehalten und beschränken sich auf allgemeine Orientierungen zur Geschlechtergerechtigkeit. Andere widmen sich ausführlich dem Verhältnis zwischen Jungen und Mädchen, formulieren Analysefragen und geben sogar Tipps für konkrete Aktionen. Auffallend in allen Plänen ist ein deutliches Übergewicht von Gender-Themen (Rollenverhalten von Jungen und Mädchen) gegenüber den körperlichen Aspekten sexueller Bildung und Erziehung. Bemerkenswert ist auch, dass der Schutz der Kinder vor sexuellem Missbrauch in den Bildungsrahmenplänen keine große Rolle spielt.

Eine detaillierte themenbezogene Darstellung aller Bildungsrahmenpläne kann an dieser Stelle nicht erfolgen (siehe hierzu Rohrmann 2015). Stattdessen werden im Folgenden besonders aussagekräftige Passagen aus zwei Rahmenplänen exemplarisch vorgestellt. Für das Thema »Sexuelle Bildung und Erziehung« wird dabei auf das Berliner Bildungsprogramm Bezug genommen, für die Themen »Geschlechtergerechtigkeit« und »Schutz vor sexuellem Missbrauch« dient der Bayerische Bildungs- und Erziehungsplan als Referenz.

Das »Berliner Bildungsprogramm für die Bildung, Erziehung und Betreuung von Kindern in Tageseinrichtungen bis zu ihrem Schuleintritt« (Senatsverwaltung für Bildung, Jugend und Sport 2004) ordnet die sexuelle Bildung und Erziehung dem Bildungsbereich »Körper, Bewegung und Gesundheit« (ebd., S. 45 ff.) zu. Dabei werden die drei Ebenen »Das Kind in seiner Welt«, »Das Kind in der Kindergemeinschaft« und »Weltgeschehen erleben, Welt erkunden« unterschieden. Für jede Ebene finden sich Analysefragen, Ziele und Bildungsaufgaben, die im Folgenden (nahezu) wörtlich wiedergegeben werden (ebd., S. 46 ff.).

Das Kind in seiner Welt

Mit Bezug auf die psychosexuelle Entwicklung werden die folgenden Analysefragen empfohlen: Wie wohl fühlt sich das Kind in seinem Körper? Welche Berührungen empfindet es als angenehm bzw. unangenehm? Sucht es Zärtlichkeiten, kann es Zärtlichkeiten genießen? Mag es sich selbst, findet es sich schön? Was empfindet es selbst als Vorzüge an sich? Welche Vorstellungen hat es von seinen eigenen körperlichen Stärken, wie geht es mit seinen körperlichen Schwächen um? Wie selbstständig ist es in der eigenen Körperpflege, in der Beherrschung der Körperfunktionen? Zeigt es seine Gefühle, grenzt es sich ab? Kann es sich in andere hineinversetzen? Zu welchen Kindern sucht es körperliche Nähe, tauscht Zärtlichkeiten aus? Welche Methoden der Sauberkeitserziehung werden in den Familien praktiziert? Wie reagieren die Familienmitglieder auf sexuelle Äußerungen des Kindes?

Im Hinblick auf die Förderung der Ich-Kompetenzen, sozialen Kompetenzen, Sachkompetenzen und lernmethodischen Kompetenzen werden die folgenden Ziele genannt:

- sich im eigenen Körper wohlfühlen und Lust und Unlust ausdrücken können
- die eigenen körperlichen Möglichkeiten kennen
- sexuelle Bedürfnisse lustvoll ausleben können
- eigene Grenzen vertreten und Grenzen anderer akzeptieren
- die Körperteile benennen
- Grundverständnis über Körperfunktionen entwickeln
- Grundverständnis über das eigene sexuelle Erleben entwickeln
- Grundverständnis über die kulturellen Unterschiede im Umgang mit Körper, Sexualität, Gesundheit und Rollenbildern entwickeln
- Wissen erlangen, was dem eigenen Körper guttut und was ihm schadet
- die Signale des eigenen Körpers als Maß für Wohlbefinden und Entwicklung wahr- und ernst nehmen

Zur Erreichung dieser Ziele werden den pädagogischen Fachkräften unter anderem die folgenden Bildungsaufgaben vorgeschlagen:

- im Alltag der Kita die individuellen Zärtlichkeitsbedürfnisse des Kindes respektieren: Was ist dir angenehm? Was magst du nicht?
- Möglichkeiten zum Sichschminken und Geschminktwerden bereitstellen
- Jungen- und Mädchenpuppen, Rollenspielmaterial für Frauen- und Männerrollen anbieten
- Bücher und andere Medien über Körper und Geburt bereitstellen
- Waschräume mit ansprechenden Pflegeutensilien für jedes einzelne Kind ausstatten
- Projektarbeit zu Themen wie »Körper«, »Sinne« etc. anbieten

Das Kind in der Kindergemeinschaft

Mit Bezug auf die psychosexuelle Entwicklung werden die folgenden Analysefragen empfohlen: Welche unterschiedlichen körperlichen Merkmale, Besonderheiten, Fertigkeiten gibt es in der Gruppe? Welche Rollenerwartungen bestehen in den vertretenen Familienkulturen – was ist ähnlich, was ist unterschiedlich, und welche Auswirkungen hat es auf die Entwicklung der Kinder in den Bereichen Körper, Bewegung und Gesundheit? Welche kulturellen Unterschiede gibt es in der Gruppe im Ausdruck von Körperlichkeit (beim Baden, Schwimmen, Nacktsein, Toilettengang …)? Welche Kinder haben Freude an der Körperpflege, welche nicht? Welche Bedeutung haben Zärtlichkeiten, Raufen, Toben? Welche geschlechtsspezifischen Spielgruppen bilden sich in den Räumen, im Außengelände bei Bewegungsaktivitäten? Welche Bewegungsaktivitäten werden von Jungen, welche von Mädchen bevorzugt? Welche Gewohnheiten bei körperlichen Begegnungen, im Umgang mit Zärtlichkeiten zwischen Kindern und zwischen Kindern und Erwachsenen sind in der Kita bestimmend und wie unterscheiden sie sich von den vertretenen familiären Gewohnheiten?

Im Hinblick auf die Förderung der Ich-Kompetenzen, sozialen Kompetenzen, Sachkompetenzen und lernmethodischen Kompetenzen werden die folgenden Ziele genannt:

- eigene körperliche Bedürfnisse, Interessen und Gefühle zum Ausdruck bringen und sich mit anderen darüber verständigen
- Körperkontakt mit anderen suchen und genießen
- sich seiner geschlechtlichen Identität als Junge oder Mädchen bewusst werden
- Mit anderen Regeln aushandeln über erwünschten und unerwünschten Körperkontakt; Grenzen durchsetzen
- sich auf Herausforderungen durch andere einlassen und sich abgrenzen können
- Begriffe kennen, die Gefühle und Körperempfindungen ausdrücken, und sich mit anderen darüber austauschen
- von den unterschiedlichen Vorlieben der anderen und deren Grenzen wissen
- Grundverständnis erlangen, dass die Kinder in der Gruppe unterschiedliche körperliche Fähigkeiten haben – jüngere und ältere Kinder, Kinder mit Behinderungen …
- Wissen, dass andere Menschen anders denken und fühlen

Zur Erreichung dieser Ziele werden den pädagogischen Fachkräften unter anderem die folgenden Bildungsaufgaben vorgeschlagen:

- im Alltag der Kita Gespräche mit den Kindern über die Besonderheiten jedes einzelnen, die Andersartigkeit und die Gemeinsamkeiten führen
- Kinder am Aufstellen von Regeln beteiligen, beim Einhalten der Regeln unterstützen
- Rituale zur Körperpflege einführen
- Rollenspielmaterial und Verkleidungssachen für Frauen- und Männerrollen bereitstellen
- Babypuppen, Arztkoffer und Verbandsmaterial anbieten
- Schminke, Frisiermaterial und Spiegel vorhalten
- Wasser-, Spritz- und Matschräume anbieten, ausgewählte Seifen und Cremes, Körperlotionen über die bloße Reinigung und Pflege hinaus bereitstellen
- Nischen für Rückzug und Entspannung, Sinnesräume (Snoezelräume) anbieten
- Bilderbücher und andere Medien zu Körper, Bewegung, Ernährung, Gesundheit, Sexualität, unterschiedlichem Aussehen von Menschen bereitstellen

Weltgeschehen erleben, Welt erkunden

Mit Bezug auf die psychosexuelle Entwicklung werden die folgenden Analysefragen empfohlen: Welche Wege können Kinder allein machen? Wo können sich Kinder in der unmittelbaren Umgebung frei bewegen? Mit welchen Risiken müssen sie dabei umgehen lernen? Wie verläuft die körperliche Entwicklung eines Menschen, von der Geburt bis zum Tod? Welche Bewegungs- bzw. Sportarten sind bei Mädchen/Frauen, welche bei Jungen/Männern besonders beliebt? Gibt es Unterschiede und warum?

Im Hinblick auf die Förderung der Ich-Kompetenzen, sozialen Kompetenzen, Sachkompetenzen und lernmethodischen Kompetenzen werden die folgenden Ziele genannt:

- die eigene Geschlechtlichkeit als Mädchen bzw. Junge in ihrer kulturellen Geprägtheit entdecken
- Bereitschaft und Fähigkeit entwickeln, Risiken im Umfeld einzuschätzen

- kulturelle Verschiedenheit, die sich in der Geschlechtsrolle oder im Aussehen zeigt, achten
- sich einfühlen können in Menschen, die anderes erleben

Zur Erreichung dieser Ziele werden den pädagogischen Fachkräften unter anderem die folgenden Bildungsaufgaben vorgeschlagen:

- Rollenspielmaterial bereithalten
- Mädchen-/Jungenspiele aus verschiedenen Kulturen nachspielen
- Projekte, wie zum Beispiel Besuch in einer Arztpraxis oder im Krankenhaus, durchführen
- Lexika und andere Medien über den menschlichen Körper bereitstellen

Mädchen und Jungen – geschlechtersensible Erziehung

Der »Bayerische Bildungs- und Erziehungsplan für Kinder in Tageseinrichtungen bis zur Einschulung« (BStMAS & IFP 2019) enthält jeweils einen eigenen Abschnitt zu »Mädchen und Jungen – Geschlechtersensible Erziehung« sowie zu »Soziale Netzwerkarbeit bei Gefährdungen des Kindeswohls«.

Ersterer enthält Leitgedanken, Bildungs- und Erziehungsziele sowie Anregungen und Beispiele zur Umsetzung einer geschlechtersensiblen Erziehung in der Kita. In den Leitgedanken wird ausführlich auf die Bedeutung der Kita bei der Herausbildung der Geschlechtsidentität der Kinder eingegangen. Dort heißt es: »Für die Entwicklung der Geschlechtsidentität sind die Jahre in der Kindertageseinrichtung von besonderer Bedeutung. Kinder setzen sich intensiv damit auseinander, was es ausmacht, ein Junge oder ein Mädchen zu sein und welche Rolle sie als Mädchen bzw. Jungen einnehmen können. Sie sind nicht nur Empfänger der gesellschaftlichen Botschaften, wie sie z. B. durch Medien (etwa Bücher, Zeitschriften, Comics, Fernsehen, Filme, Computerspiele) vermittelt werden, sondern sie sind auch aktive Gestalter ihrer Geschlechtsidentität, indem sie aus den Angeboten ihres Umfeldes auswählen und sich im Spektrum der Möglichkeiten, männlich oder weiblich zu sein, positionieren. Dafür sind die Erfahrungen entscheidend, die Kinder in der Familie und in der Kindertageseinrichtung selber machen können« (ebd., S. 121 f.).

Aufbauend auf diese Leitgedanken werden im Bayerischen Bildungs- und Erziehungsplan die folgenden Bildungs- und Erziehungsziele einer geschlechtersensiblen Erziehung formuliert: »Das Kind entwickelt eine eigene Geschlechtsidentität, mit der es sich sicher und wohl fühlt. Es ist in der Lage, einengende Geschlechterstereotypien zu erkennen und traditionelle sowie kulturell geprägte Mädchen- und Jungenrollen kritisch zu hinterfragen und sich durch diese nicht in seinen Interessen, seinem Spielraum und seinen Erfahrungsmöglichkeiten beschränken zu lassen. Das Kind erwirbt ein differenziertes und vielfältiges Bild von den möglichen Rollen von Frauen und Männern. Dazu gehören insbesondere:

- Das andere Geschlecht als gleichwertig und gleichberechtigt anerkennen
- Unterschiede zum anderen Geschlecht wahrnehmen und wertschätzen
- Erkennen, dass ›weiblich‹ und ›männlich‹ keine uniformen Kategorien sind, sondern dass ›Weiblichsein‹ und ›Männlichsein‹ in vielfältigen Variationen möglich ist
- Grundverständnis darüber erwerben, dass im Vergleich der Geschlechter die Gemeinsamkeiten hinsichtlich Begabungen, Fähigkeiten, Interessen und anderen Persönlichkeitsmerkmalen größer als die Unterschiede sind
- Erkennen, dass eigene Interessen und Vorlieben nicht an die Geschlechtszugehörigkeit gebunden sind
- Seine eigenen Interessen und Bedürfnisse über die geschlechterbezogenen Erwartungen und Vorgaben anderer stellen
- Geschlechterbezogene Normen, Werte, Traditionen und Ideologien (z. B. Mädchen interessieren sich weniger für Technik, Jungen spielen nicht mit Puppen) kritisch hinterfragen
- Andere nicht vorrangig aufgrund ihrer Geschlechtszugehörigkeit beurteilen, sondern sie in ihrer individuellen Persönlichkeit wahrnehmen
- Die eigenen geschlechtsstereotypen Erwartungen an sich und andere kritisch hinterfragen
- Mit Widersprüchen zwischen der eigenen Geschlechtsidentität und Erwartungen von anderen umgehen
- Kulturgeprägte andere Vorstellungen über Geschlechteridentitäten erkennen und respektieren und dennoch hinterfragen« (ebd., S. 122).

In den sich daran anschließenden Anregungen und Beispielen für die Umsetzung werden unter anderem eine geschlechterbewusste pädagogische Grundhaltung, die vermehrte Ansprache und Einbeziehung der Väter der Kinder und die Gewinnung männlicher Fachkräfte für die Arbeit in der Kita gefordert.

Soziale Netzwerkarbeit bei Gefährdungen des Kindeswohls

Der Bayerische Bildungs- und Erziehungsplan zählt den Schutz der Kinder vor Gefahren für ihr Wohl ausdrücklich zu den Pflichtaufgaben jeder Kindertageseinrichtung (vgl. BStMAS & IFP 2019, S. 443 ff.). Es werden vier Konstellationen benannt, bei denen Gefährdungssituationen anzunehmen sind (vgl. ebd.):

- konkrete Anhaltspunkte für Vernachlässigung, körperliche Misshandlung oder sexuellen Missbrauch des Kindes in der Familie oder im sozialen Nahraum des Kindes
- Familiensituationen, bei denen das Wohl des Kindes indirekt gefährdet ist, zum Beispiel im Falle miterlebter häuslicher Gewalt, bei schwer psychisch kranken oder suchtabhängigen Eltern
- Feststellung klarer Anhaltspunkte für eine schwere Entwicklungsbeeinträchtigung oder Behinderung und zugleich Ablehnung diagnostischer Abklärung bzw. keine Inanspruchnahme von Hilfen durch die Eltern
- Gefährdung des Kindes in der Kita selbst bei Nichtgewährleistung von Mindeststandards in personeller, sächlicher oder räumlicher Hinsicht oder bei einem das Kindeswohl gefährdenden Verhalten (z. B. vorsätzliche Aufsichtspflichtverletzung oder sexueller Missbrauch) des Personals

Weiter werden in dem Abschnitt die Themen Prävention von Gefährdungen, Intervention im Falle konkreter Anhaltspunkte für eine Kindeswohlgefährdung sowie Kooperation im Rahmen eines lokalen Hilfenetzwerks behandelt. Außerdem wird benannt, wann die Kita bei Bekanntwerden einer Kindeswohlgefährdung selbst ergänzende Beratung und Unterstützung benötigt und wie diese Hilfe erreicht werden kann.

4.

Sexualpädagogik im Kita-Alltag

Die Themen in diesem Kapitel sind

→ kindliche Sexualität professionell begleiten

→ Merkmale einer sexualfreundlichen und geschlechter-bewussten Erziehung

→ Zusammenarbeit mit Eltern

→ Bedeutung des Männeranteils in der Kita

→ Entwicklung eines sexualpädagogischen Konzepts

4.1 Professionelle Haltung zu kindlicher Sexualität entwickeln

Sexualpädagogik in der Kita findet nicht selbstverständlich statt. Unsicherheit und mangelndes Wissen sowie das Gefühl, dass es hier um ein heikles Thema geht, machen Sexualerziehung und sexuelle Bildung zu einem wenig beachteten und manchmal sogar unbeliebten Thema. Das ist auch nicht verwunderlich. In den Curricula der Fachschulen und Fachhochschulen findet Sexualpädagogik in der Regel keinen angemessenen Platz. Auch bei einem großen Teil der Dozent:innen kommt das Thema häufig nur am Rande oder überhaupt nicht vor.

Etwas günstiger sieht es im Bereich der Fort- und Weiterbildungen aus. Allerdings fällt hier auf, dass meistens nur bestimmte Aspekte des Themas behandelt werden. Entweder die Angebote sind einem Gender-Ansatz verpflichtet und beschränken sich darauf, die Fachkräfte für geschlechtertypisches Verhalten zu sensibilisieren und Anregungen zu vermitteln, das Geschlechtsrollenverhalten der Kinder »aufzuweichen«. Oder aber es werden Fortbildungen angeboten, die sich zum Ziel gesetzt haben, sexualisierte Gewalt präventiv zu verhindern und bei Anzeichen für sexuellen Missbrauch professionell zu handeln. Veranstaltungen, in denen die psychosexuelle Entwicklung der Kinder einschließlich der körperlichen Aspekte (sex) und der Herausbildung der sexuellen Identität (gender) thematisiert werden, sind selten. Angebote schließlich, die sich einem ganzheitlichen Ansatz sexueller Bildung verpflichtet fühlen und in denen Schutz, Förderung und altersgerechte Partizipation der Kinder gleichermaßen eine Rolle spielen, sind fast gar nicht vorhanden.

Dabei muss betont werden, dass weder eine Vermeidung noch eine Reduzierung auf Einzelaspekte der Bedeutung des Themas gerecht wird. Themen der Kinder, die nicht beachtet, übersehen, vermieden, zur Seite geschoben oder gar tabuisiert werden, »verschwinden« dadurch nicht einfach. Im Gegenteil: Das Interesse, die Fragen und manchmal auch die Nöte der Kinder suchen sich eigene Bahnen und tauchen dann als Symptome – etwa als Rückzug oder aggressives Verhalten – an anderer Stelle wieder auf, häufig ohne angemessen verstanden zu werden. Mit anderen Worten: Sexualpädagogik findet auch dann statt, wenn sie nicht reflektiert und bewusst zum Thema gemacht wird; in diesem Fall allerdings »wild«, verschämt, unter der Decke und ohne dass die Kinder die Chance haben, bei ihrem Lernen von verantwortlichen Erwachsenen begleitet zu werden und bei Bedarf Unterstützung zu bekommen.

Sexualpädagogik in der Kita: Konsequenzen unterschiedlicher Strategien

Vermeidung des Themas	Kinder werden mit ihren Interessen, Fragen und Nöten alleingelassen; auftretende Probleme zeigen sich in Form von Symptomen (z. B. Rückzug, Aggressivität).
Reduktion auf Einzelthemen (z. B. Geschlechtergerechtigkeit, Schutz vor sexuellem Missbrauch)	Sexualpädagogik bekommt eine »Schlagseite«; wichtige Themen werden nicht thematisiert bzw. übersehen.
Ganzheitlicher Ansatz	Schutz, Förderung und altersgerechte Parti zipation der Kinder hinsichtlich sexueller Bildung und Schutz vor sexualisierter Gewalt spielen gleichermaßen eine Rolle.

Die Vorteile eines ganzheitlichen Ansatzes liegen auf der Hand. Bei ihm streben pädagogische Fachkräfte an, die körperlichen, seelischen, sozialen und gesellschaftlich-kulturellen Aspekte kindlicher Sexualität, den Erwerb einer geschlechtlichen Identität und das Hineinwachsen der Kinder in eine Geschlechtsrolle gleichermaßen zu berücksichtigen. Dabei betten sie diese Aspekte in ein Konzept ein, das Schutz, Förderung und altersgerechte Partizipation enthält. Eine professionelle Haltung zu kindlicher Sexualität zu entwickeln bedeutet deshalb, sich mit sämtlichen Aspekten kindlicher Sexualität bewusst auseinanderzusetzen und dazu eine reflektierte Position einzunehmen. Wichtige Ebenen dieser Auseinandersetzung sind Selbstreflexion, Erwerb von Fachwissen und Reflexion im Team.

Selbstreflexion

Eigene Erfahrungen und biografisch erworbene Haltungen im Hinblick auf Sexualität und geschlechterbezogenes Verhalten beeinflussen in hohem Maße sexualpädagogisches Handeln, auch wenn der handelnden Person dieser Einfluss nicht immer bewusst ist. Um sich seiner Werthaltungen und Voreinstellungen bewusst zu werden und Kinder nicht mit eigenen (ungelösten) Konflikten zu belasten, gehört

Selbstreflexion untrennbar zur sexualpädagogischen Professionalität. Die Beschäftigung mit folgenden Fragen kann dabei helfen:

- Wie bin ich selbst im Hinblick auf Sexualität erzogen worden?
- Welches Klima (z. B. offen, freizügig, grenzverletzend, gehemmt, tabuisierend) herrschte diesbezüglich in meiner Herkunftsfamilie?
- Wurde in meiner Familie über Themen mit Bezug zu Sexualität gesprochen oder war dies kaum oder niemals der Fall?
- Konnte ich mich bei Fragen und Problemen an meine Eltern oder andere Bezugspersonen wenden?
- Welche Aspekte des Themas Sexualität sind mir selbst besonders wichtig? Worüber fällt es mir schwer zu sprechen? Was ist mir unangenehm bzw. peinlich?
- Welche Grenzen sind für mich wichtig? Bin ich in der Lage, die Einhaltung meiner Grenzen von anderen einzufordern, oder ist dies eher nicht der Fall?
- Welche als üblicherweise männlich bzw. weiblich etikettierten Merkmale gehören zu meiner Persönlichkeit?
- Wie definiere ich meine Geschlechtsrolle? Welche Überzeugungen in Bezug auf Geschlechtsrollenverhalten und Geschlechtergerechtigkeit sind mir wichtig?
- Wie tolerant bin ich Menschen gegenüber, die ihre geschlechtliche Identität, ihr Geschlechtsrollenverhalten bzw. ihre sexuelle Orientierung anders definieren als ich selbst? Wo liegen die Grenzen meiner Toleranz?

Erwerb von Fachwissen

Da die Vermittlung sexualpädagogischer Kenntnisse in den Berufsausbildungen in der Regel zu kurz kommt, ist der Erwerb bzw. die Vertiefung entsprechenden Fachwissens über Fort- und Weiterbildungen von großer Bedeutung. Fortbildungen können sich auf Einzelpersonen oder auf das gesamte Team einer Kita (z. B. als Inhouse-Veranstaltung) beziehen. Manche Institutionen wie zum Beispiel das Institut für Sexualpädagogik und sexuelle Bildung (isp) (www.isp-sexualpaedagogik.org) bieten Weiterbildungen mit dem Abschluss »Sexualpädagogin« bzw. »Sexualpädagoge« an. Thematisch besonders zu empfehlen sind Angebote, in denen die unterschiedlichen Aspekte kindlicher Sexualität, Möglichkeiten einer geschlechtergerechten Erziehung und der Schutz vor Gefährdungen systematisch aufeinander bezogen werden. Zu einem sexualpädagogischen Grundwissen gehören Kenntnisse vor allem in den folgenden Themenbereichen:

- Unterschiede zwischen kindlicher und erwachsener Sexualität
- psychosexuelle Entwicklung des Kindes
- Umgang mit Formen kindlicher Sexualität
- Möglichkeiten einer geschlechtergerechten Erziehung in multikulturellen und multireligiösen Kontexten
- Zusammenarbeit mit Eltern hinsichtlich kindlicher Sexualität
- Schutz der Kinder vor sexuellen Übergriffen durch andere Kinder
- Elemente eines Schutzkonzepts in der Kita
- Umgang mit Anzeichen für sexualisierte Gewalt und sexuellen Missbrauch

Reflexion im Team

Die Reflexion sexualpädagogischer Themen im Team dient dem besseren Verständnis der Kinder, der Entwicklung einer gemeinsamen Haltung nach innen und außen, dem Austausch mit den Eltern sowie der beständigen Überprüfung und Weiterentwicklung des sexualpädagogischen Konzepts. Bei schwierigen Themen oder im Falle nicht leicht lösbarer Konflikte im Team kann die Einbeziehung einer neutralen Person – zum Beispiel in Form von Fachberatung oder Supervision – sinnvoll sein. Der Austausch und die Reflexion im Team sind vor allem im Hinblick auf die folgenden Themen notwendig:

- Beobachtung und Interpretation des Verhaltens einzelner Kinder, von bestimmten Gruppenkonstellationen und der Kindergruppe insgesamt
- Austausch über die Einstellungen und Verhaltensweisen der Fachkräfte einschließlich der Besprechung problematischen oder unprofessionellen Verhaltens (Fehlerfreundlichkeit)
- Erarbeitung einer gemeinsamen Haltung zu grundsätzlichen und anlassbezogenen sexualpädagogischen Fragen (z. B. Bereitstellung themenbezogener Kinderbücher, Regeln und Grenzsetzungen zum Schutz der Kinder)
- Information der Eltern über die Haltung des Teams, der Einrichtung und des Trägers zu kindlicher Sexualität und geschlechtergerechter Erziehung
- Erarbeitung und Weiterentwicklung eines sexualpädagogischen Konzepts der Einrichtung einschließlich der Beteiligung der Eltern

- Erarbeitung und Weiterentwicklung eines Schutzkonzepts der Einrichtung zum Schutz der Kinder vor sexuellen Übergriffen durch andere Kinder, sexuellem Missbrauch im häuslichen Umfeld sowie vor sexualisierter Gewalt durch Mitarbeiter:innen der Einrichtung

ÜBERBLICK

Ebenen der Auseinandersetzung mit kindlicher Sexualität

Selbstreflexion	Biografische Erfahrungen mit Sexualität, Geschlechtsidentität und Geschlechtsrollenverhalten; Einstellung zu kindlicher Sexualität
Erwerb von Fachwissen	Wissen über kindliche Sexualität; Erwerb sexualpädagogischer Kompetenzen
Reflexion im Team	Austausch über die Beobachtungen der Kinder; Entwicklung einer gemeinsamen Haltung nach innen und außen; Erarbeitung eines Schutzkonzepts

4.2 Sexualfreundliche und geschlechterbewusste Pädagogik im Alltag

Jungen und Mädchen sind gleich und sie sind verschieden. In diesem Spannungsfeld zwischen Gleichheit und Verschiedenheit bewegt sich geschlechterbewusste Pädagogik. Alle Kinder genießen unabhängig von ihrem Geschlecht die gleichen Rechte und haben denselben Anspruch, ihre Potenziale bestmöglich zur Entfaltung zu bringen. Zugleich sind die Kinder verschieden, sowohl was ihre körperliche Entwicklung betrifft als auch in Bezug auf Verhaltensweisen, Vorlieben, Interessen etc. Dabei ist zu beachten, dass Ähnlichkeiten und Unterschiede nicht absolut vorhanden sind, sondern immer nur als Durchschnittswerte Geltung beanspruchen können. So sind etwa die Unterschiede in Bezug auf ein bestimmtes Merkmal zwischen zwei Mädchen häufig größer als die Unterschiede zwischen einem einzelnen Mädchen und einem Jungen.

Zwei Beispiele sollen dies illustrieren. Aufgrund der unterschiedlichen Zeitskala in der biologischen Reifung sind Mädchen von Geburt an immer etwas weiter entwickelt als Jungen (vgl. Largo 2012, S. 17). So setzt zum Beispiel das pubertätsbegleitende Größenwachstum bei Mädchen früher ein und sie erreichen früher als Jungen die Geschlechtsreife. Dies sind allerdings nur Durchschnittswerte. Im Einzelfall ist es durchaus möglich, dass der Wachstumsschub eines bestimmten Jungen demjenigen eines bestimmten gleichaltrigen Mädchens vorausgeht. Ähnliches gilt für die motorische Aktivität: Gemessen an der Häufigkeit der Arm- und Beinbewegungen sind Jungen durchschnittlich über die gesamte Zeitspanne der Kindheit hinweg motorisch deutlich aktiver als Mädchen. Dennoch kommt es nicht selten vor, dass die motorische Aktivität eines bestimmten Mädchens diejenige eines einzelnen Jungen erheblich übersteigt (ebd., S. 10).

Geschlechterbewusste Pädagogik - Grundlagen

ÜBERBLICK

Jungen und Mädchen sind gleich.	Sie haben die gleichen Rechte und denselben Anspruch, ihre Potenziale bestmöglich zur Entfaltung zu bringen.
Mädchen und Jungen sind verschieden.	Unterschiede betreffen sowohl die körperliche Entwicklung als auch Verhaltensweisen und Interessen. Die Differenzen sind nicht absolut, sondern beziehen sich auf Durchschnittswerte.

Geschlechterbewusste Pädagogik muss sich demnach zwei Zielen gleichermaßen verpflichten: Sie muss zum einen bestrebt sein, jedem Kind die gleichen Chancen zu bieten, seine eigene Geschlechtsidentität zu entwickeln, ohne durch stereotype Sichtweisen und geschlechtsspezifische Zuschreibungen in den Erfahrungs- und Entfaltungsmöglichkeiten eingeschränkt zu werden. Zum anderen muss sich geschlechterbewusste Pädagogik darauf ausrichten, bestehende Unterschiede gleich wertzuschätzen und diese geschlechtsbezogenen Differenzen zu beachten und zu berücksichtigen.

Bezogen auf die im Durchschnitt größere motorische Aktivität von Jungen heißt dies zum Beispiel:

- Mädchen und Jungen ausreichende motorische Aktivitäten zu ermöglichen
- darauf eingestellt zu sein, dass diese Angebote aller Voraussicht nach im Durchschnitt von Jungen ausgiebiger genutzt werden als von Mädchen

- zu respektieren, dass einzelne Mädchen und Jungen nicht der typischen Zuordnung (Jungen sind bewegungsaktiver als Mädchen) entsprechen

Jede Engführung auf lediglich eines der beiden Ziele wird den Anforderungen an eine geschlechterbewusste Pädagogik nicht gerecht. So zu tun, als seien Unterschiede zwischen den Geschlechtern nicht existent, führt zu Gleichmacherei und Ungerechtigkeit – sowohl den Jungen als auch den Mädchen gegenüber. Und umgekehrt gilt, dass eine Zementierung angeblich »wesenhafter« Züge und die Behauptung absoluter Gegensätze zwischen den Geschlechtern der Vielfalt des Geschlechtlichen weder in biologischer noch in emotionaler und sozial-kultureller Hinsicht gerecht werden.

ÜBERBLICK

Geschlechterbewusste Pädagogik - Ziele

Chancengleichheit	Verzicht auf stereotype Sichtweisen und geschlechtsspezifische Zuschreibungen
Anerkennung von Unterschieden	Gleiche Wertschätzung von Differenzen; Berücksichtigung geschlechtsbezogener Unterschiede

Wichtig für eine geschlechterbewusste Pädagogik ist es auch, Gemeinsamkeiten und Unterschiede zwischen den Geschlechtern im Zusammenhang mit weiteren Differenzierungen zu verstehen. Kinder sind nicht nur Mädchen und Jungen, sondern sie gehören zum Beispiel unterschiedlichen Altersgruppen an, sind Teil der seit Langem einheimischen Bevölkerung oder haben eine Zuwanderungsgeschichte bzw. einen Migrationshintergrund, wachsen in Familien unterschiedlicher sozialer Herkunft auf, gehören unterschiedlichen religiösen Milieus an … Gemeinsamkeiten in einer Kategorie können Unterschiede in einer anderen abmildern oder verstärken. So kann es zum Beispiel sein, dass Jungen und Mädchen verschiedener sozialer Herkunft aufgrund ähnlicher religiöser oder kultureller Überzeugungen durch gemeinsame Werte und Normen hinsichtlich der Sexualerziehung miteinander verbunden sind. Geschlechterbewusste Pädagogik sollte daher Bestandteil eines Diversitäts-Ansatzes (diversity approach) sein, in dem die vielfältigen Unterschiede der Kinder vor dem Hintergrund gleicher Rechte Berücksichtigung finden.

Schließlich kommt es darauf an, sexuelle Bildung und Sexualerziehung in ein angemessenes Verhältnis zu setzen. Mit sexueller Bildung ist vor allem die aktive, neugierige und auch lustvolle Tätigkeit des Kindes gemeint, mit all seinen Sinnen sich selbst und seinen Körper und die Körper anderer Kinder zu entdecken und zu erforschen sowie eine eigene Geschlechtsidentität zu entwickeln. Sexuelle Bildung ist daher nicht »herstellbar«, sondern auf die Eigenaktivität des Kindes angewiesen und insofern vor allem Selbstbildung. Damit Bildung gelingen kann, brauchen Kinder Freiräume und eine anregungsreiche Umgebung, aber auch altersangemessene Grenzen und Strukturen.

Sexualerziehung unterscheidet sich von den Bildungsprozessen der Kinder durch die Tätigkeit von Erwachsenen. Im Optimalfall greifen pädagogische Fachkräfte in der Kita die geschlechterbezogenen Themen der Kinder auf, machen Zusammenhänge deutlich, geben Anregungen zur Vertiefung und Erweiterung des Wissens, stellen Materialien mit Bezug zum Thema zur Verfügung und achten auf die Einhaltung notwendiger Grenzen und Regeln. Erziehung ist insofern eine Reaktion der Erwachsenen auf die Entwicklungstatsache und Ausdruck der erwachsenen Verantwortung für Kinder.

Vor dem Hintergrund dieser grundlegenden Überlegungen bezieht sich eine sexualfreundliche und geschlechterbewusste Pädagogik in Kindertageseinrichtungen vor allem auf die folgenden Aspekte:

- Förderung der Eigenaktivität der Kinder in Bezug auf Körperneugier und Körperlust, einschließlich eines regelgeleiteten Umgangs mit Köpererkundungsspielen
- Unterstützung der Kommunikation über Themen rund um Sexualität und Geschlecht
- Herstellung von Geschlechtergerechtigkeit als Querschnittsaufgabe

Umgang mit Körperneugier und Körperlust

Mädchen und Jungen erforschen ihre Umgebung mit allen Sinnen und beziehen dabei selbstverständlich ihren Körper mit ein. Die Kinder setzen sich aktiv mit ihren vielfältigen Eindrücken auseinander und entdecken dabei wichtige Zusammenhänge. Eine geschlechterbewusste Kita ist zugleich auch eine körperfreundliche Kita. Sie bietet den Kindern zahlreiche Möglichkeiten, in einem sicheren und geschützten Umfeld vielfältige Sinneserfahrungen zu machen. Hierzu gehört, dass die Kinder sich selbst mit ihrem Körper wahrnehmen und akzeptieren sowie Freude, Wonnegefühl und Lust empfinden können, aber auch lernen, Nein zu sagen, sich abzugrenzen und persönliche Schamgrenzen zu respektieren.

Die Gestaltung der Räumlichkeiten sollte den Kindern sowohl Begegnungs- als auch Rückzugsmöglichkeiten für ungestörtes Spiel bieten. Ein extra für Sinneserfahrungen vorgesehener Snoezelraum bereichert das Angebot. Als Materialien sollten unter anderem Decken und Rollen, Spiegel, Verkleidungsutensilien, Arztkoffer, Massagebälle und unterschiedliche Sinnesmaterialien zur Verfügung stehen. Im Außenbereich bzw. in dafür geeigneten Räumen sind Wasser und Sand, eventuell auch Lehm, Fingerfarben etc. Bestandteile einer sinnesfördernden Grundausstattung. Zu den didaktischen Möglichkeiten einer körper- und sinnesfreundlichen Pädagogik im Kita-Alltag gehören unter anderem vielfältige Sinnesspiele, Turnen, Pantomime und Verkleidungsspiele, Malen, Wasserspiele.

Körperneugier und Körperlust sind häufig mit Fragen und nicht selten auch mit Unsicherheiten verbunden: Dürfen sich die Kinder in der Kita nackt ausziehen? Wie sollen sich die Fachkräfte gegenüber masturbierenden Kindern verhalten? Vor allem im zweiten und dritten Lebensjahr ziehen sich Kinder gerne aus und genießen es, nackt zu sein. Sie betrachten intensiv ihren Körper und haben Freude daran, sich anderen Kindern oder auch Erwachsenen mit ihrem nackten Körper zu zeigen (Zeigelust). Häufig handelt es sich um vorübergehende Episoden, an denen mehrere Kinder beteiligt sind. Es gibt aber auch Kinder, die daran – jedenfalls in der Kita – keine Freude haben und sich nicht beteiligen möchten.

Bei der Frage, in welchen Grenzen Kinder sich in der Kita ausziehen dürfen, kommt es darauf an, die Freude und Lust der Kinder am Ausziehen und Nacktsein in ein ausgewogenes Verhältnis zu den Schamgrenzen anderer Kinder und denen der Erwachsenen (Kita-Personal und Eltern) zu bringen und den Schutz der Kinder vor jedweden Gefahren zu gewährleisten. Im Einzelfall spielen das Alter der beteiligten Kinder, die räumlichen Gegebenheiten, die vorhandenen Schamgrenzen und manchmal auch Ängste einzelner Personen eine Rolle.

Um nicht in jedem Einzelfall neu abwägen zu müssen und Handlungssicherheit zu bekommen, empfiehlt es sich, dass sich die Fachkräfte auf ein Konzept abgestufter Zonen von Intimität verständigen. Damit ist gemeint, klar zu definieren, welcher Grad von Intimität in welchen Räumlichkeiten möglich bzw. erlaubt ist.

Zonen höchster Intimität sind zweifellos der Toilettenbereich und der Wickelbereich, da hier alle Kinder darauf angewiesen sind, sich (teilweise) auszuziehen bzw. dass pädagogische Fachkräfte ihnen bei Bedarf assistieren. Entsprechend stark müssen diese Bereiche geschützt sein, zum Beispiel vor den Blicken von Fremden, aber auch indem die Fachkräfte einen Überblick behalten, um die Kinder vor Grenzverletzungen oder Übergriffen durch andere zu schützen.

Eine **zweite Zone** etwas geringerer Intimität sind die Schlaf- und Ruhebereiche. Hier könnte zum Beispiel vereinbart werden, dass die Kinder sich auf eigenen

Wunsch dort ausziehen können, soweit dies einvernehmlich geschieht und die Kinder etwa im gleichen Alter sind, das heißt der Altersabstand nicht mehr als rund zwei Jahre beträgt. In Gruppen, in denen Anlass zu besonderer Aufmerksamkeit besteht – zum Beispiel, weil es bereits zu Grenzüberschreitungen durch einzelne Kinder gekommen ist –, kann zusätzlich vereinbart werden, dass Kinder, die sich ausziehen möchten, zuvor eine pädagogische Fachkraft darüber informieren bzw. deren Erlaubnis einholen. Wenn die Fachkräfte – zum Beispiel aus personellen Gründen – über bestehende Rückzugsbereiche keine ausreichende Übersicht haben können und Grenzverletzungen unter den Kindern zu befürchten sind, sollte die Regel gelten, dass die Kinder sich hier nicht ohne Bekleidung aufhalten dürfen.

Der Gruppenraum sowie dazugehörende weitere Räume wie zum Beispiel Funktionsräume markieren eine **dritte Zone** mit deutlich geringerer Intimität. In diese Räume kommen häufig gruppenfremde Personen wie etwa andere Kinder und Fachkräfte aus weiteren Gruppen sowie die Eltern der zur Gruppe gehörenden Kinder. Hier könnte vereinbart werden, dass Ausziehen der Kinder nur in Ausnahmefällen und nach ausdrücklicher vorheriger Erlaubnis der Fachkräfte erlaubt ist. Eine solche Ausnahme kann zum Beispiel ein Planschspiel in einer Krippengruppe sehr junger Kinder sein.

Eine **vierte Zone** mit wenig Intimität umfasst den Eingangsbereich, die Flure, Küche, die Räumlichkeiten für das Kita-Team, eventuell eine Elternecke oder ein Elterncafé sowie das Außengelände der Einrichtung. Diese halböffentlichen bzw. öffentlich einsehbaren Bereiche werden von zahlreichen Gruppen- und auch Kitafremden Personen genutzt – von den Eltern, dem Wirtschaftspersonal, den Lieferant:innen sowie Besucher:innen der Einrichtung. Um die Privatsphäre der Kinder zu schützen, sollte darauf geachtet werden, dass diese Räume nur bekleidet genutzt werden und die Kinder sich hier nicht ausziehen.

In einigen Kitas, vor allem im Osten Deutschlands, wird eine zum Teil seit Langem bestehende Tradition gepflegt: mit den Kindern in die Sauna gehen. Sofern die Eltern der beteiligten Kinder hierzu ihr schriftliches Einverständnis gegeben haben, die Kita über ein Schutzkonzept verfügt, die Sauna-Temperatur kindgerecht ist und die Sauna-Räumlichkeiten der Gruppe exklusiv zur Verfügung stehen, spricht nichts gegen die Nutzung. Allerdings sollte darauf bestanden werden, dass die Kinder, ebenso wie die Fachkräfte, in der Sauna Badebekleidung tragen.

Eine **fünfte Zone** ohne Gewährleistung von Intimität bilden alle öffentlich zugänglichen Räume. Während des Aufenthalts von Kita-Gruppen im öffentlichen Raum, wie zum Beispiel auf Spielplätzen, in Parks, im Wald oder beim Besuch eines Schwimmbades, sollten wegen der damit verbundenen Gefahren durch Dritte alle Kinder ausnahmslos angemessen bekleidet sein.

Abgestufte Zonen von Intimität

Erste Zone mit höchster Stufe von Intimität	Toilettenbereich und Wickelbereich
Zweite Zone mit etwas geringerer Intimität	Schlaf- und Ruhebereiche sowie Rückzugsorte
Dritte Zone mit deutlich geringerer Intimität	Gruppenraum sowie dazugehörende weitere Räume, wie zum Beispiel Funktionsräume
Vierte Zone mit wenig Intimität (halböffentlicher bzw. öffentlich einsehbarer Bereich)	Eingangsbereich, Flure, Küche, Räumlichkeiten für die Fachkräfte, Außengelände
Fünfte Zone ohne Gewährleistung von Intimität (öffentlicher Raum)	Öffentlich zugängliche Orte wie Spielplätze, Schwimmbäder, Parks, Wälder etc.

Es gehört zu den Erfahrungen der meisten pädagogischen Fachkräfte, dass einige Kinder – Jungen ebenso wie Mädchen – in der Kita masturbieren. Manche tun dies nur punktuell und eher beiläufig, andere wiederholt und ausdauernd. Die Suche nach körperlicher Erregung, Lust und Entspannung durch Manipulation der Genitalien ist Bestandteil einer gesunden kindlichen Entwicklung. Wohl jedes Kind spielt bisweilen mit seinen Genitalien, aber nicht alle masturbieren regelmäßig, und wiederum nur ein Teil davon zeigt dieses Verhalten auch in der Kita. Üblicherweise ist kindliche Masturbation kein Grund zur Beunruhigung.

Beim Umgang mit masturbierenden Kindern sind Feingefühl und klare Grenzsetzung gefordert. Weder Entsetzen noch Gleichgültigkeit helfen hier weiter. Einerseits sollte die Fachkraft dem Kind vermitteln, dass Selbststimulation nicht etwas Verbotenes oder gar Schädliches ist. Andererseits muss das Kind lernen, dass Masturbation in Gegenwart anderer Menschen Befremden auslösen und Schamgrenzen verletzen kann. Wenn ein Kind beim Masturbieren die Grenzen anderer Menschen verletzt, sollten die pädagogischen Fachkräfte ihre Irritation zeigen, das Kind ansprechen und ihm deutlich machen, dass es zu diesem Zweck, ähnlich wie bei anderen intimen Handlungen, einen vor den Blicken anderer Menschen abgeschirmten Ort aufsuchen soll – auch zu seinem eigenen Schutz.

In seltenen Fällen kann extensives, zwanghaftes und insbesondere demonstratives oder provokatives Masturbieren ein Hinweis auf eine problematische Entwicklung oder sogar ein Anzeichen für die Gefährdung eines Kindes sein. So weist ein ungewöhnlich häufiges Masturbieren möglicherweise auf ungelöste Probleme des Kindes im häuslichen Milieu hin.

FALLBEISPIEL

Celina masturbiert jeden Tag

Celina ist zwei Jahre alt und wirkt seit einigen Wochen schon frühmorgens müde und erschöpft. Mit traurigem Gesicht setzt sie sich zu den anderen Kindern in den Morgenkreis, klemmt sich ihr Kuscheltier zwischen die Beine und reibt daran rhythmisch ihre Schenkel. Sie ist dann minutenlang wie abwesend. Den Vorgang wiederholt sie vor dem Mittagsschlaf. Regelmäßig kauert sie sich auf ihrer Matratze zusammen und »rubbelt« mit ihren Beinen. Dabei schwitzt sie und bekommt ein rotes Gesicht. Erst nach einer Weile intensiven Masturbierens kommt sie zur Ruhe und schläft dann abrupt ein. Anlässlich eines Tür-und-Angel-Gesprächs erfährt die zuständige Fachkraft, dass Celinas Eltern sich nach heftigem Streit getrennt haben und der Vater kürzlich aus der gemeinsamen Wohnung ausgezogen ist.

Im Fall von Celina hat das extensive Masturbieren Züge eines zwanghaften Verhaltens angenommen, mit dem das Mädchen offensichtlich auf familiäre Probleme reagiert. Der Streit der Eltern und die darauffolgende Trennungserfahrung belasten sie so sehr, dass sie die Selbststimulation dafür nutzt, sich abzulenken und zur Ruhe zu kommen. Möglicherweise sind die Eltern so stark mit dem Ende ihrer Partnerschaft beschäftigt, dass sie die Bedürfnisse ihrer Tochter vorübergehend nicht mehr im Blick haben. Das kindliche Masturbieren dient dann dazu, bestehende Ängste und einen Mangel an elterlicher Aufmerksamkeit zu kompensieren.

Um Celina ausreichend Privatsphäre zu bieten und ihre Teilnahme am Morgenkreis zu ermöglichen, sollten die Fachkräfte sie behutsam dazu bringen, Ort und Zeitpunkt der Masturbation zu verändern, ohne dabei das Mädchen zu beschämen oder für ihr Verhalten zu kritisieren. Außerdem sollte die Kita zeitnah das Gespräch mit den Eltern suchen – je nach Situation mit beiden Eltern gemeinsam oder zu getrennten Terminen. Die Fachkraft informiert die Mutter und den Vater über das veränderte Verhalten von Celina und die Reaktion des Kindes auf die Trennung und versucht, bei den Eltern Verständnis für die Nöte ihrer Tochter zu wecken. Das Gespräch sollte – neben der Regelung praktischer Fragen in Zusammenhang mit trennungsbedingten Änderungen in der Alltagsgestaltung der Familie – darauf abzielen, zu einer Vereinbarung darüber zu kommen, was Eltern und Kita tun können, um Celina in der für sie schwierigen Trennungssituation zu unterstützen. Auch ob möglicherweise weitere Hilfen (z. B. Erziehungs- und Familienberatungsstelle, Kinderpsychotherapie) notwendig sind, muss besprochen werden.

Förderung der Kommunikation über Sexualität

Sprache vermittelt Sinn und Bedeutungen. Auf welche Weise über Sexualität und das Verhältnis zwischen den Geschlechtern gesprochen wird, hängt in vielerlei Hinsicht mit Bewertung, häufig mit Hierarchiebildung (besser bzw. schlechter), nicht selten auch mit Geringschätzung und Abwertung zusammen. Die Dinge beim Namen zu nennen und eine angemessene, diskriminierungsfreie und nicht sexistische Sprache zu finden, ist ein wesentliches Element geschlechterbewusster Pädagogik. Sprachliche Ausdrucksweisen und Begriffe sind immer auch mit bestimmten sozialen Orten und Milieus verbunden. In der elterlichen Familie begegnen die Kinder einer anderen Sprache als zum Beispiel im Haushalt der Großeltern. Die Ausdrucksweise der Kinder untereinander unterscheidet sich von der offiziell in der Kita gebräuchlichen Sprache. Häufig greifen Kinder Begriffe aus der Jugendsprache oder aus den Medien auf und bringen diese in die Kita mit. Kinder lernen schnell, welche Sprache an welchem sozialen Ort angemessen und erwünscht ist, und halten sich üblicherweise an die damit verbundenen – zumeist unausgesprochenen – Regeln.

Pädagogische Fachkräfte als Sprachvorbilder

- den Kindern als Vorbild dafür dienen, dass über Sexualität und Geschlecht gesprochen werden darf
- sachlich zutreffende Begriffe und eine angemessene Sprache in diesem Themenbereich anbieten
- deutlich machen, dass Sprache neben der Sachebene auch eine Gefühls- und Beziehungsebene hat und über Sprache Gefühle verletzt werden können
- sprachliche Grenzverletzungen wie zum Beispiel Diskriminierungen und Beleidigungen nicht erlauben und entsprechende Regeln durchsetzen
- mit den Kindern auf vielfältige Weise (durch Geschichten, Lieder, ausgewählte Bild- und Buchmaterialien) über die Themen Sexualität und Geschlecht ins Gespräch kommen

In vielen Familien erleben Kinder eine einseitige geschlechtsspezifische Erziehung und geschlechtsstereotype Zuschreibungen (z. B. »Jungen sollen sich durchsetzen, Mädchen sollen sich vertragen«). Außerdem haben auch heute noch zahlreiche Eltern vor dem Hintergrund ihrer eigenen (häufig negativen) Erfahrungen Schwierigkeiten, offen, verständlich und in angemessener Sprache mit ihren Kindern über Sexualität zu sprechen. Die Kita kann und soll hier Vorbild sein. Sie ist ein Ort öffentlich verantworteter Erziehung, an dem Themen rund um Sexualität und Geschlechtergerechtigkeit einen selbstverständlichen Platz einnehmen. Viele Eltern sind dankbar, wenn ihnen die Fachkräfte Orientierung bieten und sie bei der Sexualerziehung ihrer Kinder unterstützen.

Angemessen und diskriminierungsfrei über Sexualität zu sprechen, setzt voraus, entsprechende Begriffe zur Verfügung zu haben. Die Kita sollte sich daher auf eine »offizielle« Sprache verständigen, die sich durchaus von der Sprache häuslicher Milieus und auch von der Sprache der Kinder untereinander unterscheiden kann. Hierzu gehören korrekte Bezeichnungen für die männlichen und weiblichen primären Geschlechtsorgane genauso wie für andere Begriffe im Kontext von Sexualität, das heißt:

- Penis/Glied und Hoden/Testes bzw. Vulva und Scheide/Vagina
- Geschlechtsverkehr/Koitus, Zeugung, Gebärmutter/Uterus und Po-Loch/After
- Heterosexualität/Gegengeschlechtlichkeit, Homosexualität/Gleichgeschlechtlichkeit, schwul sein, lesbisch sein

Bei älteren Kindern können weitere Begriffe notwendig sein, wie zum Beispiel:

- Schamlippen, Klitoris/Kitzler, Eierstöcke/Ovarien, Eileiter, Harnröhre etc.
- Intersexualität, Transsexualität

Aus dem Elternhaus, durch das Zusammensein mit Geschwistern und anderen Kindern sowie aus dem öffentlichen Bereich tragen die Kinder (häufig verniedlichende) Begriffe in die Kita, die nicht mit der korrekten, »offiziellen« Kita-Sprache übereinstimmen. Soweit diese Begriffe frei von Diskriminierung verwendet werden – was im Einzelfall nicht immer leicht zu entscheiden ist –, können sie in der Kita geduldet werden und neben der korrekten, von den Fachkräften genutzten Sprache bestehen. Allerdings sollten diese Begriffe nicht von den pädagogischen Fachkräften übernommen und auch nicht durch sie gefördert werden.

Schließlich werden die Fachkräfte im Kita-Alltag nicht selten mit Ausdrücken der Kinder konfrontiert, die abwertend, geringschätzend und sexistisch sind. Junge Kinder benutzen diese Begriffe manchmal als Testwörter, um herauszufinden, wie weit sie gehen können und ab welchem Punkt ihnen Grenzen gesetzt werden. Unabhängig von den Motiven der Kinder sollten die pädagogischen Fachkräfte diese beleidigenden Begriffe keinesfalls »überhören« oder gar tolerieren. Vielmehr haben sie die Aufgabe – wie bei jeder Grenzüberschreitung –, frühzeitig einzugreifen und eindeutig zu reagieren. Das Verbot muss klar benannt und das Verhalten (nicht die Person) deutlich missbilligt werden. Je nach Situation (z. B. nach wiederholter Grenzüberschreitung) und Alter sollte das Kind, das eine Grenze überschritten hat, mit Konsequenzen seines Verhaltens rechnen müssen. Hierfür kommen unter anderem ein Einzelgespräch mit dem Kind, Formen der Entschuldigung und Wiedergutmachung und/oder ein Gespräch mit den Eltern infrage.

ÜBERBLICK

Sprechen über Sexualität - unterschiedliche Milieus

Häusliches Milieu: elterliche Sprache	Eltern entscheiden über Sprache und Begriffe
»Offizielle« Kita-Sprache	Korrekte Begriffe und angemessene, diskriminierungsfreie Sprache
Sprache der Kinder untereinander	Wird in der Kita geduldet (sofern frei von Diskriminierung), aber nicht gefördert
Abwertende, diskriminierende, sexistische Sprache	Ist nicht erlaubt und wird in der Kita sanktioniert

Um mit den Kindern auf vielfältige Weise über Themen rund um Geschlecht, Zuneigung, Zärtlichkeit, Liebe, Sexualität, Zeugung, Schwangerschaft und Geburt ins Gespräch zu kommen, eignen sich ausgewählte Bild- und Buchmaterialien, Lieder, Ratespiele etc. Angebote der pädagogischen Fachkräfte können sich entweder auf gegebene Anlässe beziehen – zum Beispiel bei Fragen der Kinder zu Sexualität oder wenn die Mutter eines Kindes schwanger ist – oder in Form eines Projekts durchgeführt werden. Sinnvoll bei allen Themen ist auch hier eine ganzheitliche Herangehensweise, bei der Sachinformationen, beziehungs- und gefühlsbezogene Aspekte und gegebenenfalls notwendige Grenzsetzungen miteinander verknüpft werden. Um die Eltern auf Erzählungen und Fragen der Kinder vorzubereiten, sollten sie über geplante Angebote und Projekte vorab in Kenntnis gesetzt werden (siehe Kapitel 4.3).

Geschlechtergerechtigkeit als Querschnittsaufgabe

Eine geschlechterbewusste Kita ist dem Ziel der Geschlechtergerechtigkeit – also der Gleichwertigkeit und den gleichen Rechten aller Geschlechter – verpflichtet. Geschlechtergerechtigkeit lässt sich nicht einfach verordnen, sondern ist als Querschnittsaufgabe zu verstehen, die eine kontinuierliche Aufmerksamkeit notwendig macht und durch immer wieder neue Impulse bereichert werden muss. Dies erfordert von den pädagogischen Fachkräften eine geschlechtersensible Haltung sowie den Willen, sich aktiv für Chancengleichheit von Jungen und Mädchen einzusetzen.

Allen Kindern gleiche Chancen einzuräumen bedeutet, jedes Kind dabei zu unterstützen, seine individuellen Bedürfnisse zu entdecken und ihm die Gelegenheit zu bieten, seine unterschiedlichen Potenziale, die keineswegs immer in ein Geschlechterschema passen, zu entfalten. Dies heißt keineswegs, geschlechtstypisches Verhalten bei Kindern zu leugnen oder Mädchen und Jungen daran zu hindern, ein für ihr jeweiliges Geschlecht typisches Verhalten zu zeigen. Die Herausforderung besteht vielmehr darin, die interindividuelle Vielfalt der Kinder zu respektieren und sich nicht von oftmals hartnäckigen Geschlechtsstereotypien leiten zu lassen. Mädchen werden so nicht auf vermeintlich weibliche Eigenschaften (z. B. passiv, emotional), Jungen nicht auf vermeintlich männliche Eigenschaften (z. B. aktiv, technisch interessiert) festgelegt.

Doch das ist leichter gesagt als getan. Denn nicht nur die Kinder lassen sich in vielen Fällen von Geschlechtsstereotypen leiten, auch wenn dies nicht immer ihren Bedürfnissen entspricht. Auch die pädagogischen Fachkräfte und die Eltern verhalten sich häufig geschlechtstypisch, richten entsprechende Erwartungen an die Kinder und verstärken auf diese Weise stereotype Rollenmuster. Manche Talente von Kindern werden auf diese Weise nicht erkannt und zu wenig gefördert. Um stereotype Muster zu erkennen, ist es also notwendig, den Blick sowohl auf die Kinder und deren Eltern als auch auf sich selbst zu richten.

Wie eng die geschlechtstypischen Verhaltensweisen der Kinder mit denen der pädagogischen Fachkräfte verbunden sind, haben Véronique Ducret und Bulle Nanjoud (2012) als Ergebnis einer Studie in elf Krippen und Kindergärten in Genf zeigen können. Beobachtet und kategorisiert wurden die Art und Weise, wie die

Fachkräfte Mädchen und Jungen im Alter zwischen null und vier Jahren ansprechen und auffordern, welche Verhaltensweisen von ihnen verstärkt werden, wie Jungen und Mädchen die vorhandenen Räume nutzen und auf welche Weise die Erwachsenen die Spiele der Kinder begleiten und mit Konflikten unter den Kindern umgehen.

Die wichtigsten Befunde (vgl. Ducret & Nanjoud 2012, S. 66 ff.):

- Die Farbe Rosa ist Mädchen vorbehalten.
- Mädchen erhalten Komplimente zu ihrer ästhetischen Erscheinung, Jungen zu ihrer physischen Kraft.
- Die Jungen werden häufiger (auf-)gefordert. Sie ergreifen häufiger das Wort, um Fragen zu stellen oder um zu erzählen, was sie erlebt haben. Sie sprechen länger als die Mädchen.
- Die Mädchen werden häufiger unterbrochen und weniger gelobt, wenn sie sich auszeichnen. Die Jungen werden mehr dazu ermutigt, eine Aufgabe erfolgreich abzuschließen. Den Mädchen wird weniger Beachtung geschenkt, als ob sie unsichtbar wären.
- Die Jungen beanspruchen mehr Klangraum und physischen Raum. Sie nehmen den Spielraum der Mädchen ein. Die Mädchen schützen sich vor der »Invasion« der Jungen, indem sie sich Ecken suchen, wo sie sich sicher fühlen. Sie überlassen eher ihre Spiele und Plätze den Jungen als umgekehrt.
- Die Kinder werden nicht dazu ermutigt, sich mit den Spielen zu beschäftigen, die dem anderen Geschlecht zugeordnet sind. Sie wenden sich spontan den für ihr Geschlecht typischen Spielen zu.
- Wenn die Mädchen ein Spiel spielen, mit dem sonst eher Jungen spielen, werden sie selten von der erwachsenen Person begleitet; demzufolge lassen sie es schnell wieder sein.
- Auch wenn die Jungen ein für das andere Geschlecht typisches Spiel spielen, werden sie selten von einer erwachsenen Person begleitet. Dies hat zur Folge, dass sie das Material zweckentfremden.
- Bei Konflikten haben die Mädchen häufig das Nachsehen, wenn die erwachsene Person nicht interveniert. Interveniert sie, schlägt sie dabei öfter den Mädchen vor, sich zu versöhnen.

Um die Geschlechtergerechtigkeit in der Kita zu verbessern, bietet sich die Einführung eines vierstufigen Verfahrens an, bestehend aus (1) Analyse des Kita-Alltags in Bezug auf gleiche Chancen für Jungen und Mädchen (Gender-Analyse), (2)

Formulierung von Gleichstellungszielen, (3) Umsetzung von Veränderungen bzw. Durchführung von Praxisprojekten zur Verbesserung der Geschlechtergerechtigkeit sowie (4) Evaluation der erreichten Ziele.

ÜBERBLICK

Verbesserung der Geschlechtergerechtigkeit in der Kita - Prozess

Gender-Analyse	Analyse des Kita-Alltags in Bezug auf gleiche Chancen für alle Geschlechter
Formulierung von Gleichstellungszielen	Verständigung im Team auf erwünschte und erreichbare Ziele
Umsetzung von Veränderungen	Durchführung von Vorhaben bzw. Praxisprojekten zur Verbesserung der Geschlechtergerechtigkeit
Evaluation	Auswertung der erreichten Veränderungen und weitere Planung

Die folgenden Fragen können dabei helfen, die Alltagsgestaltung und pädagogischen Angebote einer Gender-Analyse zu unterziehen und daraufhin zu überprüfen, wo bereits auf Geschlechtergerechtigkeit geachtet wird und in welchen Bereichen Veränderungsbedarf besteht. Die Auseinandersetzung mit den Reflexionsfragen dient auch dazu, Anregungen für eine geschlechterbewusste Pädagogik zu erhalten:

KITA-PRAXIS

Die »Gender-Brille«

- Haben Mädchen und Jungen gleiche Chancen beim Zugang zu Räumen, Material und Angeboten?
- Erhalten Jungen und Mädchen gleichermaßen die Aufmerksamkeit der pädagogischen Fachkräfte?
- Werden Angebote so gestaltet, dass Jungen und Mädchen gleichermaßen angesprochen werden?
- Erhalten Mädchen bzw. Jungen Förderung und Herausforderungen in Bereichen, in denen sie weniger Erfahrung haben / Erfahrungen machen?

- Werden Unterschiede zwischen Mädchen und Jungen wahrgenommen und die Akzeptanz dieser Unterschiede gefördert?
- Werden Unterschiede innerhalb der Gruppe der Jungen bzw. innerhalb der Gruppe der Mädchen wahrgenommen und die Akzeptanz dieser Unterschiede gefördert?
- Werden geschlechtsbezogene Aspekte in allen Bildungsbereichen reflektiert und berücksichtigt?
- Machen sowohl Mädchen als auch Jungen Erfahrungen in allen Bildungsbereichen?
- Werden Männer in die Planung, Durchführung und Reflexion von Angeboten, Vorhaben und Projekten mit einbezogen?
- Werden Angebote, Vorhaben und Projekte dokumentiert und in die Zusammenarbeit mit Müttern und Vätern eingebracht? Werden Väter und/oder Mütter beteiligt?
- Welchen Beitrag kann ein Vorhaben bzw. seine Dokumentation für das Ziel leisten, die Anerkennung und Wertschätzung für die pädagogische Arbeit in Kindertageseinrichtungen zu erhöhen?

Quelle: Rohrmann & Team der Kita Fischteichweg 2009

Im Anschluss an die Analyse und Feststellung des Veränderungsbedarfs können Gleichstellungsziele definiert sowie entsprechende Maßnahmen geplant und umgesetzt werden. Hier einige Beispiele:

FALLBEISPIEL

Fallbeispiel 1: In einer Krippengruppe wird festgestellt, dass eine Gruppe zweijähriger Jungen mit ihrem bewegungsintensiven Spiel etwa drei Viertel des gesamten Raumes einnimmt. Die Mädchen trauen sich nicht, den für ihre Spiele notwendigen Platz zu beanspruchen, obwohl sie dies gerne möchten. Daraufhin nehmen sich die pädagogischen Fachkräfte vor, allen Kindern - Mädchen und Jungen - angemessene Spielräume zur Verfügung zu stellen. Dieses Ziel soll durch eine Umgestaltung des Gruppenraums und die verstärkte Nutzung anderer Räumlichkeiten und des Außenbereichs erreicht werden.

Fallbeispiel 2: Der Morgenkreis in einer Kita wird von den Mädchen dominiert. Sie melden sich häufiger zu Wort, können gut argumentieren und ihre Vorschläge werden dann auch meistens umgesetzt. Den Fachkräften fällt auf, dass sie über die besonderen Interessen der Jungen nur wenig wissen. Um hier eine Änderung zu erreichen, beschließen sie, einmal wöchentlich einen Morgenkreis nur mit den Jungen und parallel einen Morgenkreis mit den Mädchen durchzuführen. Anschließend werden die Ergebnisse beider Morgenkreise allen Kindern mitgeteilt.

Fallbeispiel 3: Die pädagogischen Fachkräfte bemerken, dass ein Teil der Mädchen sich nicht gerne an dem Ausflug in den Wald beteiligt, der alle zwei Wochen stattfindet. Auf Nachfrage erklären die betroffenen Mädchen, dass ihre Eltern sie ermahnt hätten, auf ihre empfindlichen Schuhe zu achten und sich nicht immer so schmutzig zu machen. Bei den Jungen taucht dieses Problem nicht auf. Die Fachkräfte nehmen sich daraufhin vor, beim nächsten Elternabend über angemessene Kleidung bei Ausflügen in die Natur zu sprechen. Sie möchten dieses Thema auch zum Anlass nehmen, mit den Eltern über die unterschiedliche Behandlung von Mädchen und Jungen ins Gespräch zu kommen.

Fallbeispiel 4: Eine Praktikantin berichtet, sie habe während der drei Monate ihres Praktikums festgestellt, dass die Fachkräfte bei Konflikten zwischen den Jungen viel schneller eingreifen als bei den Mädchen. Wenn die Mädchen einen Konflikt haben, würden die Fachkräfte viel länger darauf vertrauen, dass diese schon allein eine Lösung finden würden. Die Fachkräfte finden das Thema »geschlechtsspezifische Eingriffsschwelle bei Konflikten zwischen Mädchen bzw. Jungen« so interessant, dass sie beschließen, es zum Gegenstand einer systematischen (Selbst-)Beobachtung mit anschließender Auswertung im Team zu machen.

Fallbeispiel 5: In einer Hortgruppe wird häufig Fußball gespielt, fast immer von den Jungen initiiert. Nur wenige Mädchen beteiligen sich, die Mehrheit von ihnen steht abseits oder wird von den Jungen ausgeschlossen, weil viele Mädchen ihrer Meinung nach »einfach unfähig« seien, mit einem Ball umzugehen. Die pädagogischen Fachkräfte machen sich Sorgen, dass die Schere zwischen Jungen und Mädchen hier immer weiter auseinandergeht und die Talente vieler Mädchen in Bezug auf Ballspiele unentdeckt bleiben. Sie beschließen, eine Fußball-AG für Mädchen zu gründen und dabei mit einem örtlichen Sportverein zu kooperieren.

Verbesserung der Geschlechtergerechtigkeit in der Kita – Ziele und Maßnahmen

Ziele	Maßnahmen
Gleichberechtigte Nutzung der Räumlichkeiten für Jungen und Mädchen	Veränderung der Raumgestaltung und Raumnutzung
Stärkung des Bewusstseins der Kinder für Gemeinsamkeiten und Unterschiede zwischen den Geschlechtern	Gender-Projekte für alle Kinder (z. B. zum Thema »Mütter und Väter in der Familie«)
Sensibilisierung der Kinder für geschlechtsspezifische Interessen	Geschlechtsspezifische Angebote für Jungen und Mädchen (z. B. Tanzen, Konstruktionsspiele)
Förderung bisher vernachlässigter Fähigkeiten bei Mädchen bzw. Jungen	Geschlechtergetrennte Angebote (z. B. Klettern für Mädchen, Handarbeit für Jungen)
Sensibilisierung der Eltern für Geschlechtergerechtigkeit	Beobachtung und Thematisierung (z. B. auf einem Elternabend) des elterlichen geschlechterbezogenen Verhaltens
Stärkung der Geschlechtersensibilität der pädagogischen Fachkräfte	Selbstbeobachtung (z. B. unterschiedliches Verhalten Frauen/Männer) und Auswertung im Team

Gender-Projekte sollten dokumentiert und evaluiert werden. Zu diesem Zweck ist es sinnvoll, eine projektverantwortliche Person zu benennen, die die Ziele und Maßnahmen, gegebenenfalls die Beteiligung der Kinder an der Planung, den Ablauf und die Ergebnisse des Projekts einschließlich der Gründe für mögliche Misserfolge schriftlich festhält. Anschließend kann das Kita-Team das Projekt – nach Möglichkeit unter Einbeziehung der Kinder – den Eltern und weiteren Interessierten präsentieren.

4.3 Eltern einbeziehen und beteiligen

Sexualpädagogik in der Kita kann nur gelingen, wenn die Familien umfassend einbezogen werden. Die Eltern sind die wichtigsten Personen im Leben des Kindes. Sie kennen ihr Kind am besten, und zwischen ihnen und dem Kind bestehen in der Regel intensive Bindungen. Eine Pädagogik, die an der Familie vorbeigeht oder gar gegen sie gerichtet ist, würde sich unweigerlich gegen das Kind wenden und kann möglicherweise sogar Schaden anrichten.

Es ist nicht davon auszugehen, dass die Ankündigung von Sexualpädagogik bei allen Eltern sogleich auf Zustimmung stößt. Realistisch müssen Fachkräfte vielmehr damit rechnen werden, dass die Reaktionen sehr verschieden ausfallen und von Zustimmung, vielleicht sogar Erleichterung, über Skepsis bis hin zu versteckter und offener Ablehnung reichen. Das kann nicht überraschen: Viele Eltern haben in ihrer eigenen Kindheit Sexualpädagogik niemals kennengelernt, und besonders in der Großelterngeneration waren Themen rund um Sexualität häufig mit zahlreichen Tabus versehen. Hinzu kommen bei einem Teil der Familien kulturelle und religiöse Traditionen, die einem offenen Umgang entgegenstehen.

Unabhängig von eigener Befangenheit können Eltern sehr unterschiedliche Bedenken gegen Sexualpädagogik in der Kita haben. Der erste Vorbehalt kann darin bestehen, dass sie meinen, Kinder seien noch nicht reif für Sexualität. Diesem Einwand liegt in der Regel mangelndes Wissen über kindliche Sexualität zugrunde, die mit Erwachsenensexualität gleichgesetzt wird. Aufklärung über die prinzipiellen Unterschiede zwischen kindlicher und erwachsener Sexualität und die altersangemessenen Formen kindlicher Körperneugier und Körperlust kann hier zur Versachlichung beitragen.

Weiter begründen Eltern ihre Bedenken häufig mit der Angst, dass Sprechen über Sexualität Kinder erst auf »dumme Gedanken« bringt (Verführungsthese), die sie ansonsten gar nicht erst bekommen würden. Bei genauerem Hinsehen erweist sich diese Befürchtung jedoch als haltlos. Im Gegenteil: Kinder, die Begriffe für ihre Genitalien kennen, die Fragen stellen und ihre Neugier äußern dürfen, sind besser vor Gefährdungen geschützt. Sexualität ist lebenslang ein Grundbedürfnis des Menschen, das sich auf unterschiedliche Weise in allen Lebensabschnitten äußert. Gerade die Möglichkeit, dafür bereits in der Kindheit Begriffe und eine angemessene Sprache zu finden, beugt vor, dass Kinder möglichen negativen Verführungen erliegen und dadurch Schaden nehmen.

Ein dritter Vorbehalt kann darin bestehen, dass Eltern die sexuelle Aufklärung und das Sprechen über sexuelle Themen als ihre eigene Aufgabe ansehen, die sie nicht der Kita überlassen wollen. Tatsächlich liegt die primäre Verantwortung für

Inhalte und Ziele der Erziehung bei den Eltern, auch in rechtlicher Hinsicht. Zugleich gilt jedoch, dass die Anmeldung eines Kindes in der Kita eine geteilte Erziehungsverantwortung begründet – mit der Folge, dass die Eltern einen gewissen Teil ihrer Verantwortung den pädagogischen Fachkräften übertragen. Das sich daraus ergebende Spannungsfeld kann nur im Rahmen einer gut funktionierenden Erziehungs- und Bildungspartnerschaft aufgelöst werden. Zu dieser Partnerschaft gehört, dass die Eltern das sexualpädagogische Konzept der Einrichtung kennen und respektieren sowie auch hier über alle wichtigen Fragen und Vorkommnisse informiert werden, die ihr Kind betreffenden.

Schließlich können Eltern als Bedenken gegen Sexualpädagogik äußern, dass die Kita ihrer Meinung nach mit dem Thema nicht zurechtkommt bzw. dass sie Gefährdungen sehen, die ihrer Ansicht nach nicht ernst genug genommen werden oder denen in der Einrichtung nicht wirksam begegnet wird. Derartige Bedenken müssen selbstverständlich aufgegriffen und im Rahmen eines funktionierenden Beschwerdemanagements beantwortet werden. In manchen Fällen liegt den Bedenken lediglich fehlende Information oder mangelnde Kommunikation zugrunde – diese Punkte können nachgeholt und zukünftig verbessert werden. Manchmal erkennen Eltern aber auch tatsächlich bestehende Unsicherheiten oder Schutzlücken. Trifft das zu, sollte die Kita sich dem Thema Sexualpädagogik – eventuell mit Unterstützung externer Fachberatung – verstärkt widmen und die Eltern über die daraufhin vorgenommenen Änderungen umfassend informieren.

Die Beteiligung der Eltern an sexualpädagogischen Fragen muss auf verschiedenen Ebenen stattfinden und sich sowohl auf das einzelne Kind als auch auf die Kindergruppe und das Konzept der Einrichtung insgesamt beziehen. Dabei können folgende Beteiligungsformen unterschieden werden:

Information der Eltern im Rahmen der Aufnahmegespräche

Alle Eltern werden im Rahmen der Aufnahmegespräche unaufgefordert auf das Konzept der Einrichtung, das auch sexualpädagogische Elemente enthält, hingewiesen. Sie werden über die Haltung der Einrichtung zu Sinnlichkeit, Körperlust und Körperneugier der Kinder sowie über das Ziel der Geschlechtergerechtigkeit informiert. Weiter erhalten die Eltern Informationen über das Schutzkonzept der Einrichtung (siehe Kapitel 6.3). Hierzu gehört auch der Hinweis, dass die Eltern in Fällen, in denen sie sich Sorgen um ihr Kind machen oder Beschwerden vortragen möchten, zeitnah einen extra anberaumten Gesprächstermin erhalten.

Themenelternabende zu unterschiedlichen Aspekten von Sexualpädagogik

Die Kita bietet in wiederkehrenden Abständen und unabhängig von möglichen Anlässen Elternabende zu Themen rund um Sexualpädagogik an. Die Elternabende können eine vertiefende Information über das sexualpädagogische Konzept der Einrichtung beinhalten oder einzelnen Aspekten des Themas, wie zum Beispiel Geschlechtergerechtigkeit oder Schutzkonzept, gewidmet sein.
So kann der Elternabend zum Beispiel mit einer Kurzdarstellung des sexualpädagogischen Konzepts der Einrichtung eingeleitet werden. Daraufhin werden die Eltern gebeten, sich in Kleingruppen zu folgenden Fragen auszutauschen:

- Soll Sexualerziehung ausschließlich in der Familie oder ergänzend auch in der Kita stattfinden?
- Sollen in der Kita Bücher zu Themen wie Liebe, Sexualität, Schwangerschaft und Geburt zur Verfügung stehen und für die Kinder frei – oder nur in Begleitung einer pädagogischen Fachkraft – zugänglich sein?
- Ist es sinnvoll, in der Kita sexualpädagogische Projekte – zum Beispiel mit Materialien der Bundeszentrale für gesundheitliche Aufklärung – durchzuführen?
- Soll die psychosexuelle Entwicklung des Kindes Bestandteil der Gespräche mit den Eltern sein?

An die Diskussion der Fragen schließt sich eine zweite Austauschrunde der Eltern in kleinen Gruppen an, die sich auf folgende Punkte beziehen kann:

- Sollen in der Kita sogenannte Körpererkundungsspiele erlaubt sein und, wenn ja, welche Regeln sollen dabei gelten?
- Dürfen sich die Kinder in der Kita nackt ausziehen und, wenn ja, wo?
- Wie sollen die Fachkräfte mit Kindern umgehen, die offensichtlich masturbieren?
- Wie nahe dürfen die pädagogischen Fachkräfte einem Kind körperlich kommen (auf den Schoß nehmen, die Haare streicheln, Rücken massieren etc.)?
- An wen sollen sich Kinder, Eltern und Fachkräfte wenden können, wenn sie wegen eines (vermuteten) sexuellen Übergriffs oder Missbrauchs in Sorge sind?

Um den Eltern ein sicheres Gefühl zu vermitteln, hat das Team die Aufgabe, sich im Vorfeld des Elternabends auf eine grundlegende Haltung zu den genannten Fragen zu verständigen. Diese Haltung sollte sich im schriftlichen Konzept der Einrichtung spiegeln. Dabei besteht die Möglichkeit, dass Eltern wichtige Anregungen geben, die von Team und Leitung aufgegriffen werden und zu einer Optimierung des Konzepts führen können.

Gespräche mit Teilgruppen der Elternschaft

Üblicherweise richten sich Themenelternabende unterschiedslos an alle Eltern. Es kann aber Ausnahmen geben. Wenn zum Beispiel festgestellt wurde, dass bestimmte Elterngruppen sexualpädagogische Themen weitgehend vermeiden und entsprechende Elternangebote nicht nutzen, können zielgruppenspezifische Angebote sinnvoll sein. Hierzu zählen Angebote an kulturhomogene Gruppen, wie etwa an Eltern mit einem gemeinsamen kulturellen Hintergrund. An manchen Orten ist es möglich, hierfür muttersprachliche Fachkräfte bzw. interkulturell ausgebildete Referent:innen zu gewinnen.

Einbeziehung der psychosexuellen Entwicklung in die Entwicklungsgespräche

Die laufende Beobachtung und Dokumentation der Entwicklung und des Verhaltens der Kinder sollte sich ausdrücklich auch auf die psychosexuelle Entwicklung als Bestandteil der allgemeinen Persönlichkeitsentwicklung beziehen. Die Eltern können so damit rechnen, dass die Fachkräfte diese Beobachtungen in die regelmäßig stattfindenden Entwicklungsgespräche einbeziehen. Gegebenenfalls kann der Austausch in alltagsbegleitenden Tür-und-Angel-Gesprächen fortgesetzt werden. Gerade in diesem sensiblen Themenfeld kommt den pädagogischen Fachkräften eine wichtige Vorbildrolle zu – besonders gegenüber Eltern, denen das Sprechen über kindliche Sexualität schwerfällt.

Gespräche mit einzelnen Eltern aus gegebenem Anlass

Nach einem sexuellen Übergriff hat die Kita die Aufgabe, zeitnah sowohl Gespräche mit den Eltern zu führen, deren Kind Opfer eines sexuellen Übergriffs geworden ist, als auch mit den Eltern eines übergriffigen Kindes. Diese Gespräche sollten in einem geschützten Raum stattfinden, gut vorbereitet sein, nach Möglichkeit von zwei pädagogischen Fachkräften geführt und sorgfältig dokumentiert werden.

Gespräche mit Elterngruppen aus gegebenem Anlass

Wenn es in der Kita zu einer sexuellen Grenzverletzung oder zu einem sexuellen Übergriff gekommen ist, versetzt das die Elternschaft zumeist in helle Aufregung. Die Nachricht verbreitet sich blitzschnell, Namen werden genannt und nicht selten vermischen sich (Halb-)Wahrheiten und Gerüchte zu einem nur schwer entwirrbaren Gemisch. In einem solchen Fall ist schnelles und entschlossenes Handeln erforderlich. Keinesfalls darf der Vorfall heruntergespielt oder gar unter den Teppich gekehrt werden. Ein offensives und transparentes Vorgehen ist die beste Form der Aufklärung und Beruhigung. Falls es der Leitung der Kita schwerfällt, besonnen und sachlich zu bleiben, sollte eine Fachreferent:in von außen hinzugezogen werden. Der anlassbezogene Elternabend sollte zeitnah stattfinden. Sofern es um ein Kind geht, das die Grenzverletzung oder den Übergriff begangen hat, sollte nicht von »Täter:in« und »sexuellem Missbrauch«, sondern von »übergriffigem Kind« und »sexuellem Übergriff« gesprochen werden. Keinesfalls dürfen auf einem Elternabend Namen oder gar Details einer Familie bekannt gegeben werden. Ziel des Informationsgesprächs ist es, den Eltern deutlich zu machen, dass der Vorfall beachtet und missbilligt wird, notwendige Konsequenzen gezogen wurden und welche Bausteine zum Schutzkonzept der Kita gehören.

4.4 Was durch mehr Männer in Kitas (nicht) erreicht wird

Der Anteil männlicher Fachkräfte in Kitas lag 2022 bundesweit bei etwa 8 Prozent (vgl. Destatis 2024), im Krippenbereich bei rund 2 Prozent, mit leicht steigender Tendenz. Lediglich in manchen großen Städten wie Frankfurt am Main oder Hamburg werden ähnlich wie in skandinavischen Ländern höhere Anteile erreicht, die bei bis zu 15 Prozent liegen, manchmal sogar darüber. Der Männeranteil ist vor allem dort überdurchschnittlich hoch, wo »alternative Ansätze« verwirklicht sind, wie zum Beispiel in Elterninitiativ-Kitas oder in Outdoor-Kindergärten.

Für eine Erhöhung des Männeranteils können gute Gründe angeführt werden: Alle Kinder profitieren davon, Männer in pflegenden, fürsorgenden, erzieherischen und sozial verantwortlichen – üblicherweise also typisch weiblichen – Rollen zu erleben. Jungen und Mädchen erhalten dadurch die Gelegenheit, sich in der Kita auch an männlichen Vorbildern zu orientieren. Besonders für Kinder alleinerziehender Mütter stellen männliche Rollenmodelle, Kommunikationsstile und Konfliktlösungsstrategien wichtige ergänzende Erfahrungen dar.

Aber nicht nur männliches Geschlechtsrollenverhalten bereichert die kindliche Erfahrungswelt. Auch die Erfahrung des männlichen Körpers ist für Kinder ein Ausgangspunkt bedeutsamer Lernerfahrungen, worauf der Pädagoge Bernhard Koch hingewiesen hat: »Männer im Kindergarten würden nicht nur Rollenvorbilder abgeben, sondern auch den ›anderen‹ Körper repräsentieren und dadurch die Erfahrungswelt der Kinder bereichern. Die männlichen Körper wären – wenn es ›normal‹ geworden ist, dass sie in der Umgebung der Kinder sind – nichts Besonderes mehr: Kinder erfahren weitere Geschlechtsmerkmale wie Bartwuchs, tiefere Stimme, breitere Schultern, schmalere Becken, geringerer Körperfett- und höherer Muskelanteil am Gesamtgewicht, höhere Körpergröße, dickere Haut sowie generell stärkere Körperbehaarung. Es erscheint möglich, dass die häufigere Präsenz ›anderer Körper‹ Auswirkungen auf die alltägliche pädagogische Tätigkeit hat. Etwa bei der Frage, was den Kindern in körperlicher Hinsicht zugemutet werden könnte (Kälte, Wärme, Regen, Anstrengung). Diese realen, sehr verschiedenen Männerkörper kontrastieren in der Erfahrungswelt der Kinder die imaginären, hypermaskulinen Männerkörper, die sie aus der Video- und Computerwelt kennenlernen« (Koch 2012, S. 52).

Auch das Fachkräfte-Team kann von einer Erhöhung des Männeranteils profitieren: Männliche Kollegen bringen frischen Wind und sorgen für ungewohnte Perspektiven. Bisher Selbstverständliches kann hinterfragt werden, die Vielfalt der in die Kita hineingebrachten Lebensstile und Lebenserfahrungen erhöht sich. Nicht zuletzt bilden Männer eine im Bereich der Kita weitgehend ungenutzte Personalreserve, denn solange Mitarbeiter:innen nur eines Geschlechts rekrutiert werden, ist dies mit geringeren Chancen verbunden, tatsächlich die Personen zu bekommen, die sich für den Beruf am besten eignen.

Trotz überzeugender Argumente für die vermehrte Einstellung von Männern ist jedoch auch Skepsis angebracht. Mit mehr männlichen Fachkräften in der Kita ist nicht automatisch mehr Geschlechtergerechtigkeit verbunden. Sogar gegenteilige Effekte sind möglich, etwa wenn dadurch alte Rollenklischees verfestigt werden und Männer zum Beispiel grundsätzlich für die Bewegungsspiele und Frauen für die Bastelarbeiten zuständig sind. Oder auch, wenn sich eine neue Hierarchisierung zulasten der weiblichen Mitarbeiterinnen herausbildet, bei der die Männer vor allem die Leitungsstellen für sich reklamieren.

Weiter muss bei einer Erhöhung des Männeranteils der Gefahr sexualisierter Gewalt ins Auge geblickt werden. Dabei geht es nicht darum, männliche Erzieher unter Generalverdacht zu stellen oder zu ignorieren, dass sexuelle Übergriffe auch von weiblichen Fachkräften begangen werden können. Vielmehr kommt es darauf an, Männer nicht euphorisch und »um jeden Preis« zu begrüßen, sondern bestehende Risiken, die von einem sehr kleinen Teil von Männern in pädagogischen Berufen ausgehen, realistisch wahrzunehmen und mithilfe eines Schutzkonzepts der Einrichtung zu minimieren.

Insgesamt jedoch ist durch die Anwerbung und Einstellung von mehr männlichen Fachkräften eine Bereicherung der pädagogischen Arbeit zu erwarten – auch in sexualpädagogischer Hinsicht. Ob diese Erwartungen tatsächlich erfüllt werden, hängt allerdings davon ab, inwiefern die Erhöhung des Männeranteils als isolierte Maßnahme betrachtet wird oder ob im Rahmen eines sexualpädagogischen Gesamtkonzepts weitere Elemente hinzukommen. Die generelle Anreicherung des Berufsfeldes mit männlich konnotierten Elementen (z. B. Technik, Bewegung) gehört hier ebenso dazu wie die Reflexion im Team über Fragen der Geschlechtergerechtigkeit, Fortbildungen der Mitarbeiter:innen zu »Sex« und »Gender« und die Erarbeitung eines Schutzkonzepts gegen sexualisierte Gewalt in der Einrichtung.

4.5 Auf dem Weg zu einem sexualpädagogischen Konzept

Ein sexualpädagogisches Konzept ist Bestandteil des Gesamtkonzepts der Kindertageseinrichtung. Es sollte im Team erarbeitet und regelmäßig überprüft werden und muss mit dem Träger der Einrichtung abgestimmt sein. Das Konzept dient als Orientierung nach innen und nach außen. Es steht allen Eltern zur Verfügung und wird in der Öffentlichkeit (Website, Flyer, Broschüre) kommuniziert.

Es ist davon auszugehen, dass in den meisten Kitas in Deutschland weder ein abgestimmter Umgang mit kindlicher Sexualität herrscht noch ein sexualpädagogisches Konzept existiert. So zeigte eine Untersuchung von Erziehungswissenschaftlerin Sylvia Kägi und Mareike Jakob (2010) in 20 Kindertageseinrichtungen in Baden-Württemberg, dass Themen rund um Sexualität praktisch in keiner Einrichtung gezielt einen festen Platz einnahmen, obwohl 55 Prozent der Fachkräfte angaben, Spiele der Kinder mit sexuellem Charakter im Alltag wahrzunehmen, und weitere 35 Prozent Kinder bei Körpererkundungsspielen beobachtet hatten. 65 Prozent der Befragten berichteten sogar, schon einmal problematische Situationen in Bezug auf die psychosexuelle Entwicklung wahrgenommen zu haben.

Die Ergebnisse ihrer Studie fassen die beiden Autorinnen wie folgt zusammen: »Sexuelle Themen sind fester Bestandteil in allen Kindertageseinrichtungen, der Umgang und die Vielfalt der Themen scheinen dagegen weniger präsent zu sein. Es wird zum Beispiel beschrieben, dass in der Kindertageseinrichtung keine sexuellen Themen vorhanden seien und Kinder sich nur auf der Toilette ausziehen dürfen. Die Neugier auf sexuelle Themen im Alltag einer Kindertageseinrichtung in ihren unterschiedlichen Facetten tritt allerdings nicht auf. Nimmt man die verschiedenen Aussagen zusammen, so ist festzustellen, dass eine große Unsicherheit auszumachen ist« (Kägi & Jakob 2010, S. 46).

Die Erarbeitung und Weiterentwicklung eines sexualpädagogischen Konzepts sollte von der Leitung initiiert und gesteuert werden. Es ist sinnvoll, frühzeitig das gesamte Team und die Elternvertretung einzubeziehen. Bei Bedarf können auch Fachkräfte von außen (Kita-Beratung, Fachberatungsstellen etc.) hinzugezogen werden, wobei die Konzeptentwicklung als Prozess angelegt wird und Qualifizierungsmaßnahmen einschließen kann. Die Entwicklung eines sexualpädagogischen Konzepts sollte möglichst ohne Druck von außen geschehen, zum Beispiel indem nicht abgewartet wird, bis ein konkreter Anlass wie etwa ein sexueller Übergriff vorliegt. Je nach Situation in der Kita können die folgenden Schritte dazu beitragen, ein ganzheitliches Konzept zu entwickeln:

Erster Schritt: Beschluss des Gesamtteams und Abstimmung mit dem Träger

Zunächst sollte die Leitung das Team der Einrichtung für das Vorhaben gewinnen. Hierfür ist es notwendig, die Vorteile eines sexualpädagogischen Konzepts – vor allem den Gewinn an Orientierung und Handlungssicherheit für die pädagogischen Fachkräfte – darzustellen. Um den beginnenden Prozess breit abzusichern, ist es sinnvoll, sich parallel der Unterstützung des Trägers zu versichern und die Elternvertretung in die Planung einzubeziehen. Die Entscheidung über das Vorhaben sollte auch einen Beschluss über die zeitliche Planung und über notwendige zeitliche und materielle Ressourcen (z. B. Mittelbereitstellung für Fachberatung oder Fortbildungen) enthalten.

Zweiter Schritt: Analyse der Ausgangssituation

Als zweiter Schritt erfolgt eine Analyse der aktuellen Situation. In vielen Kitas gibt es verstreute Ansätze zum Thema Sexualpädagogik, zum Beispiel in den Bereichen Sinnesförderung oder Gesundheitserziehung. Es geht nun darum, diese Ansätze im bestehenden Konzept der Einrichtung und in der Alltagsgestaltung zu erfassen, in den Kontext von Sexualpädagogik zu stellen und auf vorhandene Lücken abzuklopfen. Weiter gehört es zur Analyse, die in der Kita geltenden Regeln auf ihre sexualpädagogische Tauglichkeit (Schutzkonzept) hin zu überprüfen. Schließlich sollte im Zuge der Analyse ein Abgleich der sexualpädagogischen Ansätze in der Kita mit den Vorgaben im jeweiligen Bildungsrahmenplan (vgl. Rohrmann 2015) erfolgen.

Dritter Schritt: Ziele festlegen und Aufgaben verteilen

Anschließend stehen die Festlegung von Zielen und die Verteilung der Aufgaben an. Dabei sollte die Kita darauf achten, dass die drei übergreifenden Ziele

- positive Haltung zu Sinnesfreude, Körperlust und kindlicher Sexualität,
- Förderung der Geschlechtsidentitätsentwicklung und Geschlechtergerechtigkeit gegenüber allen Kindern sowie
- Schutz der Kinder vor Gefährdungen durch sexuelle Grenzverletzungen, sexuelle Übergriffe und sexuellen Missbrauch

gleichermaßen und ausgewogen berücksichtigt werden. Als übergreifendes Ziel kann die Einrichtung festlegen, die sexualpädagogischen Zielstellungen in ein Gesamtkonzept zu integrieren, das sich an einem Kinderrechtsansatz orientiert (siehe Kapitel 6.4).

Aus der Festlegung der Ziele ergeben sich die zu erledigenden Aufgaben. Vor allem die folgenden Handlungsschritte kommen in Betracht:

- Weiterentwicklung des Konzepts und des Leitbilds der Einrichtung hinsichtlich Sexualpädagogik
- Erarbeitung und Verabschiedung eines Konzepts zum Schutz der Kinder vor Gefährdungen (Schutzkonzept)
- Planung von Qualifizierungsmaßnahmen für das Team
- Erarbeitung und Verabschiedung eines Konzepts zur Information und Beteiligung der Eltern
- Planung von Maßnahmen, um das Thema Sexualpädagogik in die Öffentlichkeitsarbeit der Kita einzubeziehen (Website, Flyer, Broschüre)

Vierter Schritt: Umsetzung der Maßnahmen

Der vierte Schritt bezieht sich auf die Umsetzung der beschlossenen Maßnahmen. Die Weiterentwicklung des Konzepts und des Leitbilds der Einrichtung sowie die Erarbeitung und Verabschiedung eines Schutzkonzepts und eines Konzepts zur Information und Beteiligung der Eltern können zum Beispiel im Rahmen eines Workshops oder einer Team-Fortbildung geschehen, eventuell in Zusammenarbeit mit externen Fachkräften. Zur Umsetzung der Qualifizierungsmaßnahmen sind Vereinbarungen mit Fortbildungsstellen notwendig. Die Umsetzung von Maßnahmen der Öffentlichkeitsarbeit erfolgt in der Regel in enger Abstimmung mit dem Träger. Dabei empfiehlt es sich für eine koordinierte und nachhaltige Umsetzung sämtlicher Maßnahmen, die Verantwortlichkeiten klar zu regeln. Hierzu kann es gehören, in der Einrichtung eine verantwortliche Person für Sexualpädagogik und Geschlechtergerechtigkeit zu bestimmen.

Fünfter Schritt: Information der Eltern und Öffentlichkeitsarbeit

Die Information der Eltern sollte frühzeitig, zum Beispiel auf einem Gesamtelternabend, erfolgen. In die Vorbereitung wird die gewählte Elternvertretung einbezogen. Um die Meinung der Eltern zu umstrittenen Fragen ermitteln und berücksichtigen zu können, sollte der Elternabend partizipativ angelegt sein. Das vom Team erarbeitete, mit dem Träger und der Elternvertretung abgestimmte und von den Eltern gebilligte sexualpädagogische Konzept wird daraufhin auch nach außen kommuniziert und in die Öffentlichkeitsarbeit der Kita integriert.

Sechster Schritt: Evaluation

Der letzte Schritt bezieht sich auf die Auswertung des sexualpädagogischen Konzepts – einschließlich der Möglichkeit, bei Bedarf Veränderungen anzubringen. Im Sinne der »lernenden Organisation« werden sämtliche Aspekte von Sexualpädagogik in der Kita und die damit verbundenen konzeptionellen Bausteine regelmäßig ausgewertet und auf den Prüfstand gestellt. Anlässe dafür können zum Beispiel allgemeine konzeptionelle Weiterentwicklungen, Jahresbilanzen oder Veranstaltungen des Trägers sein. Sofern in der Einrichtung Verantwortliche für Sexualpädagogik und Geschlechtergerechtigkeit bzw. Beauftragte für Kinderschutz benannt worden sind, sollten sie in festgelegten Abständen über ihre Tätigkeit berichten und Anregungen für Verbesserungen bzw. Weiterentwicklungen geben.

ÜBERBLICK

Schritt für Schritt zu einem sexualpädagogischen Konzept

1. Schritt: Entscheidung über die Entwicklung eines sexualgischen Konzepts	Beschluss des Gesamtteams; Abstimmung mit dem Träger: Einbeziehung der pädago-Elternvertretung
2. Schritt: Analyse der Ausgangssituation	Erfassung vorhandener sexualpädagogischer Ansätze und Regeln; Beschreibung des Entwicklungsbedarfs; Abgleich mit den Vorgaben des Bildungsrahmenplans
3. Schritt: Festlegung von Zielen und Verteilung von Aufgaben	Definition von sexualpädagogischen Einzelzielen im Rahmen eines an den Rechten der Kinder orientierten Gesamtkonzepts; Aufgabenverteilung im Team
4. Schritt: Umsetzung der Maßnahmen	Konzept-Workshop und/oder Team-Fortbildung; Teilnahme an Fortbildungen; evtl. Bestimmung von Verantwortlichen in der Kita
5. Schritt: Information der Eltern und Öffentlichkeitsarbeit	Durchführung eines Gesamtelternabends; Kommunikation des sexualpädagogischen Konzepts in der Öffentlichkeit
6. Schritt: Evaluation	Regelmäßige Auswertung und Weiterentwicklung des sexualpädagogischen Konzepts

5.

Körpererkundungsspiele oder sexuelle Übergriffe?

Die Themen in diesem Kapitel sind

→ Bedeutung der Körpererkundung im Kindesalter

→ Regeln für Körpererkundungsspiele

→ sexuelle Übergriffe unter Kindern

→ Ursachen und Folgen sexueller Übergriffe

→ Vorgehen der Kita bei sexuellen Übergriffen

5.1 Warum Kinder ihren Körper erkunden

Zwischen dem zweiten und dritten Lebensjahr nimmt die sexuelle Neugier deutlich zu und das entdeckerische Verhalten der Kinder richtet sich nicht mehr überwiegend auf den eigenen Körper. Viele Mädchen und Jungen beziehen in ihre sexuellen Aktivitäten zunehmend andere Kinder ein. Mit großem Interesse erkunden und zeigen sie ihre Geschlechtsorgane und interessieren sich für die der anderen Kinder. Sie berühren ihre Genitalien und die ihrer Freund:innen, sehen sich gegenseitig an, »untersuchen« sich und entdecken die Unterschiedlichkeit der Geschlechter.

Die meisten Mädchen und Jungen spielen im Alter zwischen circa zwei und sechs Jahren sogenannte Körpererkundungsspiele – manche häufiger und offen, andere selten und eher versteckt. Etwa ab dem vierten Lebensjahr nehmen die Spiele zumeist den Charakter von Rollenspielen an, zum Beispiel als »Arztspiele« oder »Vater-Mutter-Kind-Spiele«. Häufig ahmen die Kinder dabei das bei Jugendlichen und Erwachsenen beobachtete sexuelle Verhalten nach, wenn sie Händchen halten, knutschen, sich einen Kuss geben oder »Hochzeit« spielen. Wenn die Kinder in die Schule wechseln, nehmen diese Körpererkundungsspiele zunehmend ab.

Körpererkundungsspiele unter etwa gleichaltrigen Kindern können die Entwicklung einer selbstbestimmten Sexualität fördern. Die Kinder lernen spielerisch ihren Körper kennen und genießen im Rahmen der »Untersuchungen« die Aufmerksamkeit und Berührung durch andere Kinder. Dabei erfahren sie ihre persönlichen Grenzen und lernen, diese Grenzen einzufordern und die der anderen Kinder zu achten. So kann zum Beispiel ein Kind leichtes Streicheln oder Kitzeln als lustvoll empfinden, während zu starke Berührung unangenehm ist oder sogar Angst macht.

Damit Körpererkundungsspiele Kinder in Form von Lernerfahrungen bereichern, dürfen sie nicht einseitig nur von einem Kind initiiert, sondern müssen wechselseitig gewollt sein. Eine wichtige Voraussetzung dafür ist, dass der Altersbzw. Entwicklungsabstand zwischen den beteiligten Kindern nicht zu groß ausfällt – in der Regel nicht größer als ein bis zwei Jahre. Außerdem müssen klare Regeln gelten, die die pädagogischen Fachkräfte einführen und deren Einhaltung sie gewährleisten.

Regeln für Körpererkundungsspiele

- Jedes Kind entscheidet selbst, ob und mit wem es seinen Körper erkunden will.
- Die Kinder streicheln und untersuchen sich nur so viel, wie es für sie selbst und die anderen Kinder angenehm ist.
- Kein Kind tut einem anderen Kind weh.
- Kein Kind steckt einem anderen Kind etwas in eine Körperöffnung (Mund, Nase, Ohr, Po, Scheide/Vagina, Penis-Vorhaut) oder leckt am Körper eines anderen Kindes.
- Der Altersabstand zwischen den beteiligten Kindern sollte nicht größer als ein bis maximal zwei Jahre sein.
- Ältere Kinder, Jugendliche und Erwachsene dürfen sich an Körpererkundungsspielen nicht beteiligen.
- Hilfe holen ist kein Petzen.
- Erwachsene Formen von Sexualität sind nicht erlaubt.
- Wenn die Kita - zum Beispiel wegen Personalnot oder weil die Räumlichkeiten zu unübersichtlich sind - nicht in der Lage ist, die Einhaltung dieser wichtigen Regeln zu gewährleisten, müssen erweiterte Beschränkungen eingeführt werden, etwa dass die Kinder sich bei Körpererkundungsspielen nicht ausziehen dürfen.

5.2 Beispiele für sexuelle Übergriffe

Manchmal halten sich Kinder im Rahmen von Körpererkundungsspielen nicht an die Regeln und es kommt zu Grenzverletzungen oder sexuellen Übergriffen. Nicht in jedem Fall geschieht dies absichtsvoll. So kann es zum Beispiel vorkommen, dass ein Kind im Eifer des Spiels ein anderes zu sehr kitzelt oder ihm sogar wehtut. Meistens bemerken die Kinder schnell solche Grenzverletzungen, die aus Naivität oder im Überschwang entstehen, und unterbrechen ihr Tun. In manchen Fällen benötigen sie dabei die Unterstützung einer pädagogischen Fachkraft.

Wenn solche Grenzverletzungen allerdings mit Absicht, gezielt und/oder wiederholt stattfinden, muss von »sexuellen Übergriffen« gesprochen werden. Hierbei handelt es sich um massive Grenzverletzungen, bei denen andere Kinder gezielt zu sexuellen Handlungen überredet oder verführt, mit Drohungen oder körperlicher Gewalt dazu gezwungen oder gezielt an den Genitalien verletzt werden. Da es sich um strafunmündige Kinder handelt, sollte in solchen Fällen allerdings nicht von »sexuellem Missbrauch« und auch nicht von »Täter:innen«, sondern von »sexuellen Übergriffen« und von »sexuell übergriffigen Kindern« gesprochen werden. Der Begriff des Opfers für diejenigen Kinder, die einen sexuellen Übergriff erleiden mussten, ist demgegenüber durchaus angemessen.

Sexuelle Übergriffe unter Kindern erfordern ein schnelles und fachlich kompetentes Eingreifen der pädagogischen Fachkräfte. Wegsehen, banalisieren oder eine falsch verstandene Lockerheit im Umgang mit Grenzverletzungen verunsichern und überfordern die Kinder, vernachlässigen ihre berechtigten Schutzbedürfnisse und können dazu führen, dass sich die Übergriffe wiederholen oder sogar verschlimmern. Im Folgenden werden drei Beispiele dargestellt, bei denen im Zusammenhang mit Doktorspielen oder anderen sexuellen Spielen die Grenzen von Kindern verletzt wurden und es zu sexuellen Übergriffen gekommen ist.

FALLBEISPIEL

Jannik wird untersucht

Lena und Marlene, beide vier Jahre alt, holen den knapp zweijährigen Jannik zum »Mitspielen« in ihre Höhle, die sie sich aus Schaumstoffteilen und Kissen gebaut haben. Der kleine Junge genießt sichtlich die Aufmerksamkeit der beiden älteren Mädchen. Erst spielen sie mit ihm »Krankenhaus« und untersuchen seine Arme und Beine. Auf Lenas Vorschlag hin ziehen sie ihm anschließend Hose und Windel aus und sehen sich eingehend seine Genitalien an.

In diesem Fall kommt es zu einem Zusammenspiel zwischen zwei vierjährigen Mädchen und einem deutlich jüngeren Jungen. Dabei liegen auf beiden Seiten sehr unterschiedliche Motive zugrunde. Während Jannik sich wohlfühlt, weil zwei ältere Mädchen sich um ihn kümmern und ihn in ihr Spiel einbeziehen, haben Lena und Marlene andere Absichten. Sie nutzen Janniks Zutraulichkeit aus, um ihre sexuelle Neugier zu befriedigen. Dies ist als sexueller Übergriff zu werten, da Jannik altersbedingt die Motive der Mädchen gar nicht überblicken und einschätzen kann. Sobald die pädagogischen Fachkräfte dieses Ungleichgewicht bemerken, sollten sie die Situation ansprechen und die Mädchen auffordern, sich für ihre Körpererkundungsspiele gleichaltrige Spielpartner:innen zu suchen.

FALLBEISPIEL

Tobias will nicht »Poppen« spielen

Enrico, Emre, Dominik und Tobias ziehen sich gerne in den Snoezelraum der Kita zurück. Der Raum ist für die Kinder in den Nachmittagsstunden frei zugänglich. Bis zu fünf Kinder können ihn nach Voranmeldung jeweils eine halbe Stunde für sich nutzen. Seit einiger Zeit hängen die vier- und fünfjährigen Jungen während ihrer Snoezelzeiten ein Tuch vor die Glastür, sodass sie von außen nicht beobachtet werden können. Eines Tages berichtet die Mutter von Tobias ganz aufgeregt der Leiterin der Kita, ihr Sohn habe sich bei ihr beklagt, weil er im Snoezelraum beim »Poppen« mitmachen müsse.

Eine Gruppe etwa gleichaltriger Jungen hat den Snoezelraum entdeckt, um dort unter sich zu sein – unbeobachtet von den pädagogischen Fachkräften. Die Kinder verhängen die Glastür mit einem Tuch, vielleicht weil sie sich ihrer Sache nicht ganz sicher sind. Offensichtlich spielen sie dort »Geschlechtsverkehr«, womit mindestens ein Junge nicht einverstanden ist. Vermutlich führt Gruppendruck dazu, dass sich Tobias mit seinem Leid nicht in der Kita, sondern gegenüber seiner Mutter offenbart, die sich dann an die Leitung wendet.

Die Leiterin sollte der Mutter versichern, dass die Kita den Vorfall sehr ernst nimmt und dafür sorgen wird, dass sich solche Situationen nicht wiederholen. Zeitnah finden Gespräche mit den einzelnen Jungen – zunächst mit Tobias – statt, in denen den Kindern deutlich gemacht wird, dass die Kita zukünftig besser darauf achten wird, dass im Snoezelraum keinerlei Grenzverletzungen unter Kindern stattfinden und kein Kind zu einem Spiel gezwungen wird. Gegenüber Tobias sollte die Kita deutlich machen, dass es völlig in Ordnung war, dass er sich in seiner Not an seine Mutter gewandt hat. Um zu gewährleisten, dass die bestehenden Regeln tatsächlich eingehalten werden, wird den betroffenen Jungen nicht mehr erlaubt, den Snoezelraum ohne erwachsene Aufsicht zu viert zu nutzen. Die Eltern der betroffenen Kinder werden über den Umgang der Kita mit dem Übergriff und die neuen Regeln informiert. Außerdem sollten die Fachkräfte zur Gewährleistung ihrer Aufsichtspflicht generell darauf achten, dass der Snoezelraum von außen einsehbar bleibt und das Geschehen dort besser als bisher beobachtet wird.

Erik verlangt von anderen Kindern, an seinem Penis zu lecken

FALLBEISPIEL

Der fünfjährige Erik ist sehr dominant. Er kommandiert viel und nimmt manchmal einzelne Kinder in den Schwitzkasten. Aus seiner Sicht sorgt er damit für Gerechtigkeit, wenn einem anderen Kind Unrecht geschehen ist. Da er vor allem jüngeren Kindern gegenüber hilfsbereit ist, genießt er ein gewisses Ansehen, wird wegen seiner Stärke und Dominanz aber auch gefürchtet. Kurz vor dem Wochenende erzählt die vierjährige Sina einer Fachkraft, dass Erik von anderen Kindern im Waschraum verlangt hat, an seinem Penis zu lecken. Sie findet das »eklig«.

Mit seiner dominanten Haltung hat Erik in der Kita eine Machtposition bekommen, die weder den anderen Kindern noch ihm selbst guttut. Es steht ihm nicht zu, über andere zu bestimmen, und er hat kein Recht, Selbstjustiz zu üben und andere unter Druck zu setzen. Nach der Erzählung von Sina schließt die Machtausnutzung des Jungen nun auch sexuelle Übergriffe ein. Dies muss die Kita alarmieren. Dem Mädchen sollten die Fachkräfte vermitteln, dass seine Hinweise helfen können, andere Kinder zu schützen, und ihre Auskunft keineswegs als »Petzen« gilt.

Mit Erik sollte zeitnah ein Einzelgespräch geführt werden, in dem die Kita deutlich macht, dass Übergriffe jeder Art – körperliche wie sexuelle – nicht geduldet werden. Mit Bezug zu dem berichteten sexuellen Übergriff kann die pädagogische Fachkraft dem Jungen die Haltung der Kita zum Beispiel wie folgt erläutern: »Es ist nicht in Ordnung, von anderen Kindern zu verlangen, am Penis zu lecken. Wenn jemand so etwas mit dir machen würde, dann wäre das auch nicht in Ordnung. In diesem Fall würde ich genauso zu dir halten und dich beschützen.«

Um die Kinder vor solchen Vorfällen in Zukunft wirkungsvoll zu bewahren, werden die Fachkräfte in der Folgezeit das Verhalten von Erik besonders beobachten und mögliche Übergriffe vorbeugend unterbinden. Zu den zumindest vorübergehenden Schutzmaßnahmen sollte gehören, dass der Junge den Waschraum nur dann gemeinsam mit anderen Kindern nutzen darf, wenn dort eine Fachkraft anwesend ist. Ergänzend wird mit Eriks Eltern ein Gespräch geführt, in dem die Kita sie über das beunruhigende Verhalten ihres Sohns und die darauf erfolgten Maßnahmen informiert. Außerdem sollte mit den Eltern besprochen werden, wo mögliche Ursachen für die Übergriffe liegen können und auf welche Weise der Junge Unterstützung erfahren kann.

Je nach Situation kann es zusätzlich erforderlich sein, im Rahmen eines Elternabends alle Eltern der Gruppe bzw. der Kita darüber zu informieren, dass es unter den Kindern zu Übergriffen gekommen ist. Um die Privatsphäre der Familien zu schützen, werden auf keinen Fall die Namen der betroffenen Kinder genannt – weder der Name des übergriffigen Kindes noch der des Opfers. Zu den Informationen an die Eltern gehört auch, welche angemessenen und wirkungsvollen Schutzmaßnahmen die Kita getroffen hat, um solche Vorfälle in Zukunft zu verhindern.

5.3 Ursachen und Folgen sexueller Übergriffe

Wie bei allen Formen von Gewalt sind die Gründe für sexuelle Übergriffe vielfältig. Zumeist spielt ein Bündel von Ursachen eine Rolle. Entgegen verbreiteter Annahme sind die meisten sexuell übergriffigen Kinder zuvor nicht selbst Opfer sexuellen Missbrauchs durch Jugendliche oder Erwachsene geworden, obwohl dies im Einzelfall zutreffen kann. Häufig jedoch haben übergriffige Kinder vielfältige andere belastende Erfahrungen machen müssen, bei denen ihnen nicht ausreichend geholfen wurde.

Zu diesen Belastungen gehören nicht selten Beziehungsabbrüche, konfliktreiche Familienverhältnisse, das Miterleben häuslicher Gewalt, Mobbing-Erfahrungen, emotionale oder körperliche Vernachlässigung sowie unterschiedliche Formen körperlicher Gewalt innerhalb oder außerhalb der Familie. In manchen Fällen hat auch die mangelnde Durchsetzung von Regeln in der Kita dazu geführt, dass übergriffige Kinder zuvor selbst Opfer von sexuellen Übergriffen durch andere Kinder geworden sind. Die damit verbundenen Ohnmachtserfahrungen werden dann kompensiert, indem sie selbst übergriffig werden.

Neben individuellen und familiären Risiken begünstigen gesellschaftliche Muster das Auftreten sexueller Übergriffe unter Kindern. Besonders negativ wirken die in einigen Subkulturen vorhandenen und von einem Teil der Medien verstärkten traditionellen Vorstellungen von Männlichkeit. Wenn Durchsetzungsfähigkeit und körperliche Dominanz als wichtige Gradmesser für Anerkennung gelten, Mädchen und Frauen systematisch entwertet und Gefühle vor allem als Zeichen von Schwäche angesehen werden, dann erhöht sich dadurch auch das Risiko für die Missachtung persönlicher Grenzen, »Macho-Gehabe« und sexuelle Übergriffe.

Die Auswirkungen für ein Kind, das einen sexuellen Übergriff erleben musste, können sehr unterschiedlich sein. Sie reichen von geringfügiger und vorübergehender Beeinträchtigung des Selbstwertgefühls bis hin zu schwerer Traumatisierung, die allerdings nicht zwangsläufig eintreten muss. Schwere sexuelle Übergriffe, die mit einem Eindringen in den Körper des betroffenen Kindes verbunden sind, können körperliche Verletzungen zur Folge haben, die medizinisch versorgt werden müssen.

Häufig zu beobachtende Folgen nach sexuellen Übergriffen sind Ängste, die aus der Ohnmachtserfahrung resultieren und durch möglicherweise wenig feinfühlige Reaktionen der Eltern oder unprofessionelles Verhalten von Fachkräften bisweilen noch verstärkt werden. Manche Kinder meiden nach einem Übergriff bestimmte Orte in der Kita (z. B. den Toilettenbereich) aus Angst, dort an den Übergriff erinnert zu werden. Andere ändern ihr Spielverhalten und lassen sich nicht mehr so unbekümmert wie zuvor auf Rollenspiele ein. Wiederum andere Kinder möchten mit dem übergriffigen Kind nicht mehr zusammen sein oder – im Gegenteil – fühlen sich diesem Kind so sehr verpflichtet bzw. von ihm weiterhin unter Druck gesetzt, dass sie sich von ihm nicht ohne erwachsene Hilfe lösen können.

Weitere mögliche Folgen, die sich bisweilen erst nach einer gewissen Zeit zeigen und länger anhalten können, sind Störungen der psychosexuellen Entwicklung wie zum Beispiel übertriebenes Schamgefühl oder die Ablehnung alles Sexuellen, eventuell verbunden mit einer starken sozialen Gehemmtheit. Umgekehrt können Opfer sich aber auch zwanghaft mit Sexualität beschäftigen, weil sie dieses Thema nicht loslässt. Bei Kindern, die nach einem Übergriff keine ausreichende Hilfe erfahren, kann eine Übernahme und Verinnerlichung problematischer Rollenmuster entstehen: Aufseiten des Opfers folgt dann etwa die Vorstellung, Sexualität »hinnehmen« und erdulden zu müssen, aufseiten des übergriffigen Kindes verhärtet sich die Haltung, sich Sexualität nach Belieben »nehmen« zu können und als Mittel der Machtausübung einzusetzen.

Neben der Intensität des Übergriffs – verbale Beleidigung, unerwünschte Berührung, Eindringen in den Körper – sind für die Schwere der seelischen Folgen zahlreiche weitere Einflussfaktoren von Bedeutung. Hierzu gehören die Verletzlichkeit bzw. Widerstandsfähigkeit (Resilienz) des Kindes, die unter anderem von Alter und Entwicklungsstand, psychischer Konstitution, Temperament sowie den Vorerfahrungen und dem Charakter der bisher erlebten Sexualerziehung abhängen. Auch der Grad der Überraschung des Übergriffs spielt eine Rolle. Denn es macht einen Unterschied, ob das betroffene Kind zunächst mitgespielt hat und im Verlauf des Spiels übergriffiges Verhalten erleben musste oder ob der Übergriff völlig überraschend kam und von dem Kind als plötzliche Überwältigung erfahren wurde.

5.4 Sexuelle Übergriffe: was die Kita tun kann

Auf welche Weise Kinder sexuelle Übergriffe verarbeiten, hängt in hohem Maße von der Qualität der Reaktion und der Unterstützung durch die Erwachsenen ab. Wenn die verantwortlichen Erwachsenen – Eltern und pädagogische Fachkräfte – den Berichten des Kindes einfühlsam zuhören und ihm Glauben schenken, es trösten und ihm keine Mitschuld an dem Geschehen zusprechen, den Übergriff eindeutig missbilligen und angemessene Schutzmaßnahmen ergreifen, dann bestehen gute Chancen, dass der Schaden abgefedert und gemildert wird und das Kind ihn ohne nachhaltige Folgen verarbeitet. Denn »Kinder haben eine sehr große Chance, selbst massive sexuelle Übergriffe ohne Langzeitfolgen zu bewältigen, wenn ihnen geglaubt wird, wenn sie vor weiteren Übergriffen geschützt werden und wenn sie eine kindgerechte Unterstützung bei der Verarbeitung eventueller Folgen erhalten« (Enders & Wolters 2020, S. 25). Werden jedoch die Vorfälle heruntergespielt, wird dem betroffenen Kind nicht geglaubt oder ihm sogar eine Mitschuld an dem Übergriff zugeschoben und muss es so mit seinem Leid allein zurechtkommen und damit rechnen, dass für seinen Schutz auch in Zukunft nicht ausreichend gesorgt wird, dann bestehen große Risiken, dass auf den Übergriff weitere (sekundäre) Traumatisierungen folgen, die das Kind zusätzlich belasten.

Pädagogische Fachkräfte haben die Aufgabe, sexuell auffälliges oder übergriffiges Verhalten, zum Beispiel im Rahmen von Körpererkundungsspielen, wahrzunehmen und zu erkennen, darauf fachlich kompetent zu reagieren und den beteiligten Kindern und Eltern geeignete Unterstützung anzubieten. Eine wichtige Voraussetzung dafür, dass Übergriffe überhaupt erkannt werden können, besteht darin, Körpererkundungsspiele ebenso wie andere Aktivitäten der Kinder pädagogisch angemessen zu beaufsichtigen. Hier gilt es, eine ausgewogene Balance zwischen dem Recht der Kinder auf Intimität und der Achtung ihrer Privatsphäre einerseits und ihrem Anspruch auf Schutz vor Übergriffen andererseits zu finden. Je nach Zusammensetzung der Kindergruppe, räumlichen Gegebenheiten und personeller Ausstattung muss diese Balance den Gegebenheiten vor Ort entsprechend unterschiedlich ausgestaltet werden.

Nicht in jedem Einzelfall ist es leicht, zwischen akzeptablen Körpererkundungsspielen und sexuell auffälligem Verhalten bzw. sexuellen Übergriffen zu unterscheiden. Allerdings gibt es typische Konstellationen, Handlungen und Signale, bei denen eine erhöhte Aufmerksamkeit und gegebenenfalls Intervention zum Schutz der Kinder geboten ist. Hierzu gehören insbesondere die folgenden Merkmale:

- Kinder, die mit deutlich älteren oder jüngeren Mädchen bzw. Jungen ihren Körper erkunden
- Körpererkundungsspiele, bei denen ein Kind ängstlich, ärgerlich oder angespannt wirkt bzw. sich über das Verhalten eines anderen Kindes beschwert
- Kinder, die über einen längeren Zeitraum an Körpererkundungsspielen ein im Vergleich zu anderen Spielen und Aktivitäten übermäßig starkes Interesse zeigen
- Kinder, die eine stark sexualisierte Sprache verwenden und andere Kinder oder Erwachsene mit sexistischen Schimpfwörtern demütigen und beleidigen
- Körpererkundungsspiele, bei denen ein Kind sich selbst oder andere Kinder verletzt
- Kinder, die andere Kinder überreden oder drängen, ihr Genital oder das anderer Kinder zu berühren oder erwachsene Formen der Sexualität (z. B. orale Stimulation) zu praktizieren
- Körpererkundungsspiele, bei denen Drohungen oder Redeverbote bzw. Schweigegebote eine Rolle spielen

Wenn ein Kind von einem sexuellen Übergriff berichtet oder eine Fachkraft einen Übergriff beobachtet hat, ist ruhiges, besonnenes und zugleich eindeutiges und entschlossenes Handeln erforderlich. Dabei kommen die folgenden Handlungsschritte zum Einsatz:

Grenzverletzung oder Übergriff stoppen und benennen

Im ersten Schritt geht es darum, die übergriffige Handlung zu beenden und klar zu benennen. Hierfür ist es erforderlich, persönlich deutlich Stellung zu beziehen, ohne dabei das übergriffige Kind abzuwerten oder zu beschämen. Dies kann zum Beispiel mit den folgenden Worten geschehen: »Stopp, ich möchte nicht, dass ihr das spielt! Wenn ein Kind einem anderen Kind etwas in die Scheide oder den Po steckt, ist das nicht in Ordnung. Dabei kann man sich verletzen. Das akzeptiere ich nicht.« Die erste Reaktion sollte mit knappen, klaren Sätzen erfolgen. Lange Begründungen helfen hier nicht weiter. Generell gilt: Je jünger die Kinder sind, desto kürzer sollten die Sätze sein.

Kinder befragen

Nachdem die Grenzverletzung oder der Übergriff beendet wurde, sollten die beteiligten Kinder sachlich befragt werden. Sofern erkennbar ist, dass sich ein bestimmtes Kind übergriffig verhalten hat und ein anderes Kind Opfer eines Übergriffs geworden ist, sollten Einzelgespräche stattfinden, in denen beide Kinder sachlich nach den sexuellen Handlungen befragt werden. Die geschützte Atmosphäre des Einzelgesprächs bietet dem betroffenen Kind die Möglichkeit, sich der Fachkraft anzuvertrauen und auch eventuell bereits zurückliegende Vorfälle zu schildern. Auch das übergriffige Kind kann sich mit seiner Version des Geschehens besser im Einzelgespräch öffnen, ohne dass Vorwürfe im Vordergrund stehen.

Es reicht nicht aus, von dem übergriffigen Kind zu verlangen, sich bei dem betroffenen Kind zu entschuldigen. Viele Kinder haben gelernt, Entschuldigungen anzunehmen, dem anderen zu vergeben und dann alles zu vergessen. Dies widerspricht jedoch häufig den Empfindungen des Opfers, das nicht einfach vergessen kann. Hinzu kommt, dass Entschuldigungen in vielen Fällen kein ehrliches Bedauern ausdrücken. Vielleicht hat das übergriffige Kind noch gar nicht verstanden, was ihm vorgehalten wird, und entschuldigt sich vor allem deshalb, um möglichst schnell in Ruhe gelassen zu werden.

Betroffenes Kind unterstützen

Kinder, die einen sexuellen Übergriff erlebt haben, brauchen Mitgefühl, Trost und Unterstützung. Selbst wenn der Übergriff nicht absichtlich geschah und aus Sicht der Erwachsenen nicht schwerwiegend war, beschäftigen sich viele Kinder noch lange danach mit der Erfahrung der Ohnmacht und den hiermit verbundenen Gefühlen wie Hilflosigkeit, Angst oder Wut. Manche Kinder suchen in dieser Situation verstärkt körperliche Nähe zu einer Fachkraft, andere verarbeiten die belastenden Erfahrungen eher im Spiel oder nutzen dafür Zeichnungen.

Regeln für Körpererkundungsspiele in der Gruppe erläutern

Sexuelle Übergriffe in der Kita können auch unbeteiligte Kinder verunsichern. Entsprechende Vorfälle sollten daher zum Anlass genommen werden, mit allen Kindern in der Gruppe bzw. Kita die für Körpererkundungsspiele geltenden Regeln zu besprechen, auf Fragen einzugehen und den Kindern zu erläutern, dass die pädagogischen Fachkräfte sie vor Grenzverletzungen schützen. Das Gespräch in der Gruppe dient der Beruhigung und beugt weiteren Übergriffen vor.

Eltern der beteiligten Kinder informieren

Eltern haben ein Recht darauf, bei wichtigen Fragen, die ihr Kind betreffen, von den pädagogischen Fachkräften in Kenntnis gesetzt zu werden. Die Kita hat darum die Pflicht, sowohl die Eltern des betroffenen als auch die des übergriffigen Kindes zeitnah zu informieren. Die Eltern des betroffenen Kindes sind dadurch in der Lage, das möglicherweise veränderte Verhalten ihres Kindes besser zu verstehen und entsprechend zu reagieren. So kann es zum Beispiel vorkommen, dass ein Kind nach einem Übergriff Angst vor dem Zusammensein mit anderen Kindern hat oder bestimmte Orte meiden will, was die Eltern ohne entsprechende Informationen nicht nachvollziehen können.

Aber auch die Eltern eines übergriffigen Kindes sind auf Informationen angewiesen und benötigen Unterstützung. So ist es zum Beispiel möglich, dass das übergriffige Kind selbst zuvor Opfer eines sexuellen Übergriffs durch andere Kinder gewesen ist und dieses Erlebnis noch nicht verarbeitet hat. In vielen Fällen kann durch eine verständnisvolle und zugleich grenzsetzende Haltung der Eltern erreicht werden, dass es bei einem einmaligen Vorfall bleibt und sich die Grenzverletzung nicht wiederholt. Unterstützung benötigen die Eltern häufig auch im Zusammenhang mit ihrer berechtigten Sorge, dass andere Eltern ihren Kindern den Kontakt zu einem übergriffigen Kind verbieten könnten.

Besondere Sorgfalt bei Gesprächen mit Müttern und Vätern braucht es, wenn es um gezielte und wiederholte Übergriffe geht. Hier können die Ursachen sehr komplex sein und auch eine Kindeswohlgefährdung ist manchmal nicht auszuschließen. Das Gespräch mit den Eltern erfordert daher eine intensive Vorbereitung. In diesen Fällen empfiehlt es sich, im Vorfeld des Elterngesprächs den Rat einer Fachberatungsstelle gegen sexualisierte Gewalt einzuholen. Sofern gewichtige Anzeichen für eine Kindeswohlgefährdung vorliegen, ist eine insoweit erfahrene Fachkraft beratend hinzuzuziehen und das in § 8a SGB VIII vorgesehene Verfahren zu beachten.

Elternabend anbieten

Wenn in einer Kita sexuelle Übergriffe stattgefunden haben, spricht sich dies meist in Windeseile unter den Eltern herum. Entsprechend aufgeregt ist die Stimmung, oft spielen Halbwissen, Vermutungen und Gerüchte eine Rolle. In einer solchen aufgeheizten Atmosphäre ist ein offensiver Umgang mit der Thematik das beste Mittel. In Abstimmung mit der Elternvertretung sollte zeitnah ein Elternabend angesetzt werden, zu dem alle eingeladen werden. Auf diesem Elternabend werden das sexualpädagogische Konzept der Einrichtung, die Haltung zu sexuellen Übergriffen unter Kindern und die nach einem Übergriff eventuell vorgenommenen Schutzmaßnahmen erläutert. Die Besprechung konkreter Vorfälle mit Namensnennung von Kindern und Eltern sollte zur Wahrung der Privatsphäre der Betroffenen auf dem Elternabend unterbleiben. In vielen Fällen ist es sinnvoll, eine:n Referent:in von außen hinzuzuziehen. Informationen hierzu sind bei vielen Fachberatungsstellen wie zum Beispiel Pro Familia (www.profamilia.de) erhältlich.

Das Schutzkonzept der Einrichtung überprüfen

Der Umgang mit sexuellen Übergriffen ist für das Team und besonders für die Leitung der Kita eine große fachliche Herausforderung. Übergriffe sollten regelmäßig zum Anlass genommen werden, das Schutzkonzept der Einrichtung auf mögliche Schwachstellen zu untersuchen und eventuell notwendige Verbesserungen anzubringen. Zum Beispiel kann es angezeigt sein, wenig einsehbare Bereiche in den Gruppenräumen offener zu gestalten oder den Außenbereich mehr im Blick zu haben und zu diesem Zweck das Personal neu aufzuteilen. Oft ist auch die Nutzung fachlicher Hilfen wie Beratung, Supervision oder die Teilnahme an Fortbildungen sinnvoll.

6.

Kinder stark machen: sexualisierter Gewalt vorbeugen

Die Themen in diesem Kapitel sind

→ Möglichkeiten und Grenzen von Prävention

→ Kinder fit machen für den Umgang mit Gefahren

→ Gewaltschutzkonzept und Kinderrechtsansatz in der Kita

6.1 Was Prävention (nicht) leisten kann

Die in der Öffentlichkeit immer wieder bekannt werdenden Fälle sexuellen Missbrauchs und anderer Formen von Gewalt gegen Kinder beunruhigen uns nicht nur als Individuen, sondern ebenso als Gesellschaft. Diese Beunruhigung fällt auch deshalb besonders groß aus, weil die Berichte immer erst im Nachhinein erscheinen – also erst, wenn ein Kind bereits zu Schaden gekommen ist und dann hilflos festgestellt werden muss, dass das schreckliche Geschehen nicht verhindert wurde. Nachbarschaften, soziale Dienste, Kitas, Schulen und die Politik müssen dann eingestehen, zu spät gekommen zu sein. Hinzu kommt die Ahnung, dass die bekannt gewordenen Fälle lediglich die Spitze eines Eisbergs darstellen und ein großer Teil – zumeist weniger schwerer – Gewalthandlungen den Weg in die Öffentlichkeit gar nicht erst findet.

Der Wunsch, Gewalt gegen Kinder ein für alle Mal auszuschließen, das Verlangen nach einer sicher wirkenden Vorbeugung, die »Sehnsucht nach Prävention« sind daher nur zu verständlich. Viele Anstrengungen richten sich daher darauf, erste Anzeichen für (sexualisierte) Gewalt möglichst früh zu erkennen, um rechtzeitig Hilfen anbieten und bei Bedarf eingreifen zu können. Ziel muss es sein, Gewalt gegen Kinder in Familien, Institutionen und im öffentlichen Raum präventiv zu verhindern oder zumindest immer weiter zurückzudrängen.

Bei genauem Hinsehen allerdings werden schnell Hindernisse erkennbar, die einer umfassenden Prävention entgegenstehen. Vor allem zwei Gründe spielen dabei eine Rolle. Der erste Grund hat mit der Vielschichtigkeit des Gewaltgeschehens zu tun, welches vorbeugend verhindert werden soll. Zwar erscheint in Kenntnis der wichtigsten Umstände eines Falles die Entwicklung bis hin zur (sexuellen) Misshandlung eines Kindes in analytischer Betrachtung – das heißt in der Rückschau – nachvollziehbar, ja beinahe zwangsläufig. Umgekehrt gilt jedoch, dass sich trotz des vorhandenen Wissens um belastende Lebensumstände keineswegs sicher voraussagen lässt, ob, wann und inwieweit sich die mit Risiken belasteten Konstellationen tatsächlich zu Gewalthandlungen verdichten werden. Die Komplexität von Wirkungsfaktoren und die Offenheit menschlichen Handelns lassen eine sichere Vorausschau im Bereich menschlicher Beziehungen prinzipiell nicht zu. Ein Umstand, auf den bereits Sigmund Freud hingewiesen hat: »Solange wir die Entwicklung von ihrem Endergebnis aus nach rückwärts verfolgen, stellt sich uns ein lückenloser Zusammenhang her, und wir halten unsere Einsicht für vollkommen befriedigend, vielleicht für erschöpfend. Nehmen wir aber den umgekehrten Weg, gehen wir von den durch die Analyse gefundenen Voraussetzungen aus und suchen diese bis zum Resultat zu verfolgen, so kommt uns der Eindruck einer notwendigen und auf keine andere Weise zu bestimmende Verkettung ganz abhanden. Wir merken sofort, es hätte sich auch etwas anderes ergeben können, und dies andere Ergebnis hätten wir ebenso gut verstanden und aufklären können. Die Synthese ist also nicht so befriedigend wie die Analyse; mit anderen Worten, wir wären nicht imstande, aus der Kenntnis der Voraussetzungen die Natur des Ergebnisses vorherzusagen« (Freud 1920, S. 296).

Ein zweites Hindernis bei dem Bemühen, präventiv tätig zu werden, hängt mit einem Dilemma konkurrierender Grundorientierungen zusammen. Gemeint ist das Verhältnis von Freiheit und Sicherheit. Je mehr Sicherheit – das heißt Kontrolle von Handlungen und Unterlassungen –, desto weniger Freiheit bleibt den Bürger:innen. Selbstverständlich ist ein bestimmtes Maß an Kontrolle erforderlich. Gerade im Bereich des Kinderschutzes, wo es um die Rechte von jungen Menschen geht, die sich nicht selbst ausreichend zu Wort melden und ihre Interessen vertreten können, ist frühes Aufspüren von Gefährdungen unabdingbar. Zugleich aber muss diese Kontrolle an klare Grenzen gebunden bleiben, die sich aus den allgemeinen Menschen- und den besonderen Kinderrechten ergeben. Denn absolute Kontrolle erfordert einen absoluten Überwachungsstaat, der wiederum – und darin liegt ein strukturelles Dilemma – ebenjene Akte der Gewalt produziert, die er zu bekämpfen vorgibt.

Trotz dieser Einschränkungen gibt es zahlreiche Belege dafür, dass Prävention wirkt. Ein besonders eindrucksvolles Beispiel ist die Kinderverkehrsunfall-Prävention. Dank aufwändiger Aufklärungs- und Vorsorgemaßnahmen und dem Zusammenspiel von Industrie, öffentlicher Hand und Verbänden, wie etwa dem Deutschen Verkehrssicherheitsrat, konnte die Zahl der tödlich verlaufenden Kinderunfälle im Straßenverkehr in den vergangenen Jahrzehnten um rund 90 Prozent gesenkt werden. Entscheidend für diesen Erfolg waren der Verzicht auf Schuldzuweisungen sowie koordinierte Maßnahmen auf unterschiedlichen Ebenen und mit unterschiedlichen Akteuren: Entschärfung von Gefahrenstellen an Straßen, Verbesserung der Sicherheitstechnik in Kraftfahrzeugen, Einführung der Anschnallpflicht, medial begleitete Aufklärungskampagnen für Kinder und Eltern etc.

Ein solcher Erfolg ist auch im Bereich des Kinderschutzes möglich. Damit er gelingt, darf sich Prävention nicht auf Einzelmaßnahmen beschränken, sondern muss unterschiedliche und aufeinander abgestimmte Elemente umfassen, die einem übergreifenden Präventionskonzept zugeordnet sind, das sich gleichzeitig auf mehrere Ebenen bezieht und dem sich die gesamte Gesellschaft verpflichtet fühlt. »Der Schutz von Kindern vor der Gefahr des sexuellen Missbrauchs ist also nicht primär eine Angelegenheit für Spezialisten, zum Beispiel an einem Präventionstag in der Schule oder durch ein Kindertheaterstück in Vorschule oder Kindergarten.

Prävention, wie sie hier verstanden wird, ist eine Aufgabe, die alle in der staatlichen Gemeinschaft angeht« (Fegert & Liebhardt 2012, S. 23).

Auf die Kita bezogen gehören – in Ergänzung zu einer generell sexualfreundlichen Erziehung und Bildung, die der Geschlechtergerechtigkeit verpflichtet sind – zu einem solchen Gesamtkonzept vor allem die folgenden Elemente: (1) Stärkung der Kinder und Förderung ihrer Persönlichkeitsbildung, (2) Entwicklung eines Schutzkonzepts gegen Gewalt sowie (3) Verankerung des Kinderrechtsansatzes in Leitbild und Konzeption der Kita.

6.2 Kinder stärken und Persönlichkeitsbildung fördern

Kinder, die im Alltag der Kita die Erfahrung machen, dass ihre Wünsche und Vorstellungen Gewicht haben und sie an Entscheidungen beteiligt werden, sind besser vor Gefährdungen geschützt. Sie sind mehr als andere in der Lage, die Einhaltung ihrer persönlichen Grenzen einzufordern und im Bedarfsfall Hilfe zu holen. Den pädagogischen Fachkräften kommt hier eine wichtige Vorbildfunktion zu. Wenn eine Fachkraft zum Beispiel merkt, dass ein Mädchen oder ein Junge ihre Brust anfassen möchte, und sie deutlich zum Ausdruck bringt, dass sie das nicht will, dann lernt dieses Kind, auch die eigenen Grenzen klar zu benennen. Vertrauen in die Kinder und Selbstbewusstsein der Fachkräfte stärken das Selbstvertrauen und das Selbstwertgefühl in der Kindergruppe.

Der Traumatherapeut Peter A. Levine und die Familien- und Kindertherapeutin Maggie Kline empfehlen Eltern und pädagogischen Fachkräften die folgenden Schritte, um Kinder fit zu machen für den Umgang mit Gefährdungen:

- »Seien Sie ein gutes Vorbild für gesunde Grenzen. Niemand darf mich so berühren, mit mir umgehen oder mich anschauen, dass es mir unangenehm ist.
- Helfen Sie Kindern, ein gutes sensorisches Bewusstsein zu entwickeln. Bringen Sie ihnen bei, gefühlten Empfindungen von ›Oh, oh!‹ zu vertrauen, die sie als Angst im Bauch oder Herzklopfen erleben und die ihnen sagen, dass hier etwas nicht stimmt und sie weggehen und sich Hilfe holen müssen.
- Bringen Sie Kindern bei, sich nicht ködern zu lassen, indem sie ihre ›Sinnesantennen‹ benutzen und frühe Warnzeichen bemerken.

- Geben Sie Kindern Gelegenheit, Neinsagen zu üben.
- Zeigen Sie Kindern, was sie sagen und tun können. Sagen Sie dem Kind, dass es Ihnen entsprechende Vorfälle immer erzählen soll, damit Sie für seine Sicherheit sorgen und ihm helfen können, mit seinen Gefühlen zurechtzukommen« (Levine & Kline 2010, S. 187).

Um Kinder in der Kita dabei zu unterstützen, ihrer sexuellen Neugier nachzugehen, Antworten auf ihre Fragen zu geben, aber auch notwendige Grenzen einzufordern und die Grenzen anderer Menschen zu achten, bieten sich zahlreiche Bücher, Audio-CDs und Theaterstücke an. Einige Medien für Kinder zu diesem Thema finden sich im Anhang (siehe S. 153).

In Ergänzung zur situationsbezogenen Stärkung von Kindern stehen verschiedene gruppenbezogene pädagogische Programme zur Verfügung, die sich im Sinne eines primärpräventiven Empowerment-Ansatzes an alle Kinder einer bestimmten Altersstufe wenden und zum Ziel haben, im Rahmen eines strukturierten Vorgehens die emotionalen und sozialen Fähigkeiten der Kinder zu stärken (Persönlichkeitsbildung) und zur Gewaltprävention beizutragen. Zu den wichtigsten in Deutschland etablierten Programmen gehören:

- faustlos: www.h-p-z.de/faustlos-kindergarten
- Kindergarten *plus*: www.kindergartenplus.de
- Papilio: www.papilio.de

Bei allen Bemühungen, Kinder zu stärken, sollten die Grenzen von Empowerment-Ansätzen beachtet werden. Sie dürfen nicht als Vorwand genutzt werden, die Verantwortung für den Kinderschutz auf kindliche Schultern zu verlagern. Wenn Kinder von Jugendlichen oder Erwachsenen überwältigt werden, gerät auch ein persönlich starkes Kind schnell an seine Grenzen. »Kinder stark machen«- und »Sag nein«-Aktivitäten können daher nur ein Baustein eines Präventionskonzepts sein und dürfen die erwachsene Verantwortung für die Gewährleistung des Kinderschutzes nicht schmälern oder sogar ersetzen.

6.3 Schutzkonzept gegen (sexualisierte) Gewalt entwickeln

Jede Kindertageseinrichtung ist gemäß § 45 Absatz 2 SGB VIII dazu verpflichtet, zur Sicherung der Rechte und des Wohls der Kinder ein Gewaltschutzkonzept zu entwickeln und umzusetzen (vgl. Maywald 2019, 2023). Der Schutz vor sexualisierter Gewalt ist Bestandteil eines solchen Schutzkonzepts, durch das sich die Kita aktiv dem Schutz der Kinder vor sexualisierter Gewalt verpflichtet. Schutzkonzepte werden mit dem Träger abgestimmt, von der Leitung initiiert, im Team und unter Beteiligung der Kinder und Eltern erarbeitet sowie regelmäßig überprüft und angepasst.

Ausgangspunkt eines Schutzkonzepts gegen sexualisierte Gewalt ist das Recht der Kinder auf Achtung ihrer persönlichen Grenzen und ihr Anspruch auf Hilfe bei sexuellen Übergriffen und sexuellem Missbrauch. Das Konzept beschreibt sowohl Maßnahmen zur Prävention als auch das Vorgehen im Falle von Anzeichen für einen sexuellen Übergriff durch Kinder bzw. sexuellen Missbrauch durch Eltern oder Mitarbeiter:innen der Einrichtung (Notfallplan). Außerdem enthält es Angaben zu Beschwerdemöglichkeiten und zur Kooperation mit anderen Diensten und Einrichtungen.

Die Einführung von Schutzkonzepten in allen mit Kindern tätigen Institutionen ist auch eine zentrale Forderung des »Runden Tisches Sexueller Kindesmissbrauch« der Bundesregierung. Die von der Bundesregierung eingesetzte Unabhängige Beauftragte zu Fragen des sexuellen Kindesmissbrauchs hat einen Zehn-Punkte-Plan für Schutzkonzepte gegen sexualisierte Gewalt (www.kein-raum-fuer-missbrauch.de) empfohlen, der sich auch auf Kitas bezieht.

Zehn Punkte für ein Schutzkonzept gegen sexualisierte Gewalt

1. Die Verantwortung für den Schutz der Kinder vor sexueller Gewalt ist in Leitbild und Satzung aufgenommen.
2. Im Einstellungsgespräch und im Arbeitsvertrag wird sexuelle Gewalt gegen Mädchen und Jungen thematisiert, zum Beispiel durch die Vorlage eines erweiterten Führungszeugnisses und die Unterzeichnung einer Selbstverpflichtung.
3. Ein Verhaltenskodex legt Regeln für einen grenzachtenden Umgang der hauptberuflichen und ehrenamtlichen Mitarbeiterinnen und Mitarbeiter fest, dabei sind die besonderen Risiken des Arbeitsfeldes zu berücksichtigen.
4. An der Erarbeitung von Schutzkonzepten werden Mitarbeiterinnen und Mitarbeiter, Kinder, Jugendliche und Eltern beteiligt.
5. Mädchen und Jungen werden über ihr Recht auf Achtung der persönlichen Grenzen und Hilfe in Notlagen bereits beim Eintritt in die Institution informiert und erhalten in regelmäßigen Abständen Präventionsangebote.
6. Im Rahmen von Elternabenden bzw. durch Elternarbeit und Elternbeteiligung werden Mütter und Väter über Formen sexueller Gewalt, Strategien von Tätern und Täterinnen sowie Möglichkeiten der Prävention aufgeklärt.
7. Die hauptberuflichen und ehrenamtlichen Mitarbeiterinnen und Mitarbeiter sind zur Teilnahme an einer Informationsveranstaltung über Basiswissen zu sexueller Gewalt verpflichtet. Die Teilnahme an weiterführenden Fortbildungsangeboten wird empfohlen und ermöglicht.
8. Die Einrichtung verfügt über eine Beschwerdestelle und benennt Ansprechpersonen innerhalb und außerhalb der Einrichtung, an die sich Kinder, Eltern und Fachkräfte im Fall einer Vermutung von sexueller Gewalt wenden können (z. B. interne Vertrauenspersonen, Kontakt zu Beratungsstellen).
9. Ein Notfallplan, der sich an den spezifischen Bedingungen der Einrichtung orientiert, regelt das Vorgehen in Fällen der Vermutung von sexueller Gewalt (z. B. Kontakt zum Jugendamt, zu einer externen Beratungsstelle, zu Strafverfolgungsbehörden).
10. Die Einrichtung arbeitet mit einer Beratungsstelle gegen sexuelle Gewalt zusammen (z. B. bei der Entwicklung von institutionellen Regeln, der Durchführung von Präventionsangeboten, im Fall einer Vermutung).

Quelle: Arbeitsstab der Unabhängigen Beauftragten für Fragen des sexuellen Kindesmissbrauchs (2014)

6.4 Kinderrechtsansatz in der Kita verankern

Kinder sind von Beginn an Träger:innen eigener Rechte und nicht bloß Objekte des Schutzes und der Fürsorge. Eine an den Kinderrechten orientierte Pädagogik respektiert, dass das Kind über Schutz-, Förder- und Beteiligungsrechte verfügt. Kinderrechtsschutz ist daher mehr als Kinderschutz. Er schließt den Schutz der Kinder vor sexualisierter Gewalt mit ein, geht jedoch weit darüber hinaus.

Kinder nicht nur als Bedürfnisträger:innen, sondern als Rechtssubjekte zu verstehen, ist mit Folgen für alle verbunden, die in einer Kita tätig sind oder, zum Beispiel in Trägerstrukturen, für Kinder Verantwortung tragen. Eine Konsequenz besteht darin, die Orientierung an den Rechten des Kindes als inneren Kern des Leitbilds des Trägers und der Kita zu formulieren. Weiter geht es darum, das Konzept der Einrichtung an den Kinderrechten auszurichten und bei den pädagogischen Fachkräften eine kinderrechtsorientierte Haltung zu fördern. Das Leitbild und Konzept orientieren sich am Vorrang des Kindeswohls (Grundbedürfnisse und Grundrechte). Der Respekt vor der Individualität jedes Kindes nimmt einen zentralen Stellenwert ein, während zugleich das Recht jedes Kindes auf gewaltfreie Erziehung ausdrücklich benannt wird. Auch die Eltern werden unaufgefordert mit dem Leitbild und dem Konzept der Einrichtung bekannt gemacht. Und nicht zuletzt spielen in der Arbeit mit den Kindern Schutz, Förderung und Beteiligung eine ausgewogene Rolle.

Für diesen Prozess der Neuorientierung (vgl. Maywald 2012a, 2012b) hat sich der Begriff des Kinderrechtsansatzes (Child Rights-Based Approach) etabliert. Wie jeder Menschenrechtsansatz beruht der Kinderrechtsansatz auf bestimmten Prinzipien, die sich aus dem Charakter von Menschenrechten ergeben. Vor allem vier grundlegende Prinzipien können unterschieden werden: (1) Universalität, (2) Unteilbarkeit, (3) Kinder als Träger:innen eigener Rechte sowie (4) Erwachsene als Verantwortungsträger:innen.

Das Prinzip der Universalität der Kinderrechte

Die Kinderrechte gelten universell in gleicher Weise für alle Kinder – unabhängig davon, in welcher Kultur oder Tradition sie leben, unabhängig auch davon, unter welchen Lebensumständen die Kinder aufwachsen. Alle Kinder sind hinsichtlich ihrer Rechte gleich. Nicht-Diskriminierung gehört zum Kernbestand der Menschen- und Kinderrechte.

Das Prinzip der Unteilbarkeit der Kinderrechte

Alle Rechte, die Kindern zustehen, sind gleich wichtig und eng miteinander verbunden. Das »Gebäude der Kinderrechte« ist als ganzheitliche Einheit zu verstehen.

Keine Gruppe von Rechten ist wichtiger als eine andere. Quer zu allen Bereichen können Schutz-, Förder- und Beteiligungsrechte gleiche Geltung beanspruchen. So sind Kinder zum Beispiel besser vor Gefährdungen geschützt, wenn sie ihre Rechte kennen und an den sie betreffenden Entscheidungen beteiligt werden.

Das Prinzip der Kinder als Träger:innen eigener Rechte

Kinder sind Träger:innen eigener Rechte. Diese Rechte müssen von ihnen nicht erworben oder verdient werden, und sie können von ihnen auch nicht abgelegt oder veräußert werden. Sie stehen ihnen allein deshalb zu, weil sie Kind sind.

Das Prinzip der Erwachsenen als Verantwortungsträger:innen

Dem Prinzip der Kinder als Träger:innen eigener Rechte korrespondiert die Pflicht der Erwachsenen, Verantwortung für die Umsetzung der Kinderrechte zu übernehmen. Erwachsene sind Pflichtenträger:innen, von denen die Kinder die Umsetzung ihrer Rechte erwarten können. Für das Wohl des einzelnen Kindes sind in erster Linie die Eltern verantwortlich. Aber auch der Staat sowie die mit Kindern tätigen Institutionen tragen Verantwortung für Kinderrechte.

Kennzeichnend für den Kinderrechtsansatz ist, dass nicht nur nach den Bedürfnissen, sondern ebenso nach den Rechten von Kindern gefragt wird. Während Bedürfnisse subjektiv und situationsabhängig sind, handelt es sich bei den Rechten der Kinder um objektive, von einzelnen Situationen unabhängige Ansprüche. Der Kinderrechtsansatz bildet den Rahmen, um das Handeln an den Prinzipien der UN-Kinderrechtskonvention auszurichten.

ÜBERBLICK

Prinzipien des Kinderrechtsansatzes

Prinzip der Universalität der Kinderrechte	Alle Kinder sind hinsichtlich ihrer Rechte gleich.
Prinzip der Unteilbarkeit der Kinderrechte	Alle Rechte sind gleich wichtig und eng miteinander verbunden.
Prinzip der Kinder als Träger:innen eigener Rechte	Kinder sind Träger:innen eigener Rechte (holders of rights).
Prinzip der Erwachsenen als Verantwortungsträger:innen	Erwachsene sind Pflichtenträger:innen (duty bearers) und tragen Verantwortung für die Umsetzung der Kinderrechte.

7.

Was tun bei Anzeichen für sexuellen Missbrauch?

Die Themen in diesem Kapitel sind

- → Zahlen & Fakten zu sexuellem Missbrauch in Deutschland
- → Signale für einen Missbrauch erkennen und reagieren
- → Feinfühlig mit betroffenen Kindern sprechen
- → Einrichtung eines Hilfsnetzwerks
- → sexualisierte Gewalt durch Fachkräfte

7.1 Sexueller Kindesmissbrauch - ein Überblick

Sexueller Missbrauch an Kindern kommt nicht selten vor und kann sehr unterschiedliche Formen annehmen. Zu unterscheiden sind Missbrauchshandlungen mit Körperkontakt (sog. Hands-on-Taten), wie Berührungen an intimen Stellen oder Eindringen in den Körper des Kindes, von Handlungen ohne Körperkontakt (sog. Hands-off-Taten), wie zum Beispiel exhibitionistische Handlungen, das Zeigen pornografischer Inhalte oder das Fotografieren entblößter Kinder für Missbrauchsdarstellungen.

Je nachdem, welche Definition zugrunde gelegt wird, werden unterschiedliche Fallzahlen genannt. Die Polizeiliche Kriminalstatistik für das Jahr 2022 weist 15.520 erfasste Fälle des sexuellen Missbrauchs von Kindern aus; die Dunkelziffer liegt vermutlich um ein Vielfaches höher. Eine Repräsentativ-Erhebung des Kriminologischen Forschungsinstituts Niedersachen (Stadler et al. 2012) kommt zu dem Ergebnis, dass 6,4 Prozent der Frauen und 1,3 Prozent der Männer vor ihrem 16. Lebensjahr sexuellen Missbrauch mit Körperkontakt erleben mussten. Von exhibitionistischen Handlungen durch männliche Täter berichteten 5,4 Prozent der weiblichen und 1,4 Prozent der männlichen Befragten.

Sexueller Missbrauch kommt in Einzelfällen ab dem Säuglingsalter vor, ist aber nicht so häufig wie bei Kindern im Schulalter. In der Polizeilichen Kriminalstatistik sind Fälle in der frühen Kindheit unterrepräsentiert. Dabei muss jedoch beachtet werden, dass junge Kinder entwicklungsbedingt oft nicht in der Lage sind, klare Zeugenaussagen zu machen, die dann wiederum Gegenstand einer gerichtlichen Prüfung sein könnten. Wenn junge Kinder betroffen sind, liegt häufig eine Kombination von sexuellen Missbrauchshandlungen mit Vernachlässigung und körperlicher Misshandlung vor. Kinder mit Behinderungen oder anderen Auffälligkeiten haben ein erhöhtes Risiko, Opfer sexuellen Missbrauchs zu werden.

Die Täter:innen sexuellen Missbrauchs sind überwiegend männlich. Nur knapp 2 Prozent der weiblichen und knapp 17 Prozent der männlichen Betroffenen berichteten in der genannten Untersuchung von Täterinnen, das heißt, Jungen sind von sexuellem Missbrauch mit Körperkontakt durch Täterinnen weitaus häufiger betroffen als Mädchen. Der überwiegende Teil der Missbrauchstäter:innen stammt entweder aus dem engen Familienkreis (insbesondere Onkel, Stiefväter, Väter) oder aus dem Bekanntenkreis des Opfers (vor allem Erwachsene aus dem Umfeld der Eltern, Nachbar:innen, Freundeskreis, Babysitter:innen). Nur in knapp jedem vierten Fall handelt es sich bei den Tätern um männliche unbekannte Personen. Pädosexuell strukturierte Männer (Pädophile) unter den Missbrauchstätern sind deutlich in der Minderheit. Viel häufiger handelt es sich um Männer – deutlich seltener um Frauen –, die eigene Ohnmachtsgefühle und unerfüllte Wünsche nach Nähe und Zuwendung sexualisieren und ihr Verlangen nach Macht und Anerkennung auf Kosten von Kindern ausleben.

In der angegebenen repräsentativen Untersuchung berichteten immerhin fast 9 Prozent der weiblichen Betroffenen, dass der ihnen bekannte Täter ein männlicher Lehrer gewesen sei. Täter aus den Bereichen Freizeit und Sport waren mit knapp 3 Prozent deutlich weniger vertreten. In welcher Größenordnung Fachkräfte aus Kindertageseinrichtungen im Rahmen ihrer beruflichen Tätigkeit zu Missbrauchstäter:innen geworden sind, ist nicht bekannt.

Entgegen der von vielen Eltern und pädagogischen Fachkräften gefühlten Gefährdung hat die tatsächliche Missbrauchsgefahr für Kinder in Deutschland erfreulicherweise nicht zugenommen, sondern sogar tendenziell abgenommen. Hierfür verantwortlich sind unter anderem das allgemein gestiegene Bewusstsein für die Schutzrechte von Kindern, gesetzliche Veränderungen wie die Einführung des Rechts auf gewaltfreie Erziehung, Aufklärungs- und Präventionsanstrengungen sowie ein breites Medieninteresse. Vor diesem Hintergrund hat »die veränderte Wahrnehmung […] zu einer Verminderung des Dunkelfelds geführt, mehr Fälle werden in der Öffentlichkeit bekannt und polizeilich verfolgt. Kinder finden heute (hoffentlich) schneller Gehör als früher« (Fegert & Liebhardt 2012, S. 21).

Was ist sexueller Missbrauch von Kindern ?

Eine einheitliche und verbindliche Definition von sexuellem Missbrauch existiert nicht. Je nach Berufsgruppe und Kontext wird eine eher enge, an den Normen des Strafrechts orientierte Definition oder eine weiter gefasste, sozialwissenschaftlich geprägte Begriffsbestimmung gewählt. Weit verbreitet ist die folgende aus dem psychosozialen Arbeitsfeld stammende Definition: »Sexueller Missbrauch von Kindern ist jede sexuelle Handlung, die an oder vor einem Kind entweder gegen den Willen des Kindes vorgenommen wird oder der das Kind aufgrund seiner körperlichen, seelischen, geistigen oder sprachlichen Unterlegenheit nicht wissentlich zustimmen kann. Die Missbraucher nutzen ihre Macht- und Autoritätsposition aus, um ihre eigenen Bedürfnisse auf Kosten der Kinder zu befriedigen, die Kinder werden zu Sexualobjekten herabgewürdigt« (Deegener 2010, S. 22).

Auch wenn es keine einheitliche Definition von sexuellem Missbrauch gibt, muss auch in den Fällen von sexuellem Missbrauch gesprochen werden, in denen die Kinder der sexuellen Handlung scheinbar zustimmen. Da Kinder den Erwachsenen immer unterlegen sind und die Tragweite ihrer Willensäußerungen nur eingeschränkt erfassen können, kommt es auf die Haltung des Kindes zu dem Missbrauchsgeschehen nicht an. Diese Ergänzung ist wichtig, weil Täter:innen häufig argumentieren, dass das Kind selbst es gewollt habe.

Die Folgen sexuellen Missbrauchs sind vielfältig und hängen unter anderem von Dauer und Schweregrad der Gewalt sowie von der Art der Beziehung des Kindes zu dem/der Täter:in ab. Auch die Resilienz (Widerstandsfähigkeit) des Kindes und das (Nicht-)Vorhandensein protektiver (schützender) Faktoren sind von Bedeutung. Dabei ist es essenziell, ob im Umfeld des Kindes – innerhalb oder außerhalb der Familie – eine Vertrauensperson vorhanden ist, die das Kind emotional unterstützt. Manche Kinder verkraften aufgrund konstitutioneller Faktoren oder biografischer Vorerfahrungen sexualisierte Gewalt besser oder schlechter als andere.

Eine große Rolle spielt auch, ob das Kind zusätzlich zu der ihm zugefügten Gewalt für den Missbrauch selbst verantwortlich gemacht wird bzw. sich dafür schuldig fühlt oder ob die Verantwortung eindeutig bei dem/der Täter:in liegt. Manche Folgen können vorübergehender Natur sein, andere ein Leben lang anhalten. In den meisten Fällen benötigen die Opfer sexuellen Missbrauchs vielfältige medizinische und/oder psychologische bzw. psychotherapeutische Hilfen.

Besonders bei schweren Formen sexuellen Missbrauchs betreffen die Folgen in der Regel die gesamte Persönlichkeit des Kindes. Zu unterscheiden sind körperliche Verletzungen, psychosomatische Störungen, intellektuell-kognitive Beeinträchtigungen, psychische Störungen, unspezifische Beeinträchtigungen und posttraumatische Belastungsstörungen.

Körperliche Verletzungen: Die mit sexualisierter Gewalt verbundenen körperlichen Verletzungen reichen von Schädigungen im Genitalbereich über organspezifische Verletzungen bis hin zu Geschlechtskrankheiten und bleibenden Behinderungen.

Psychosomatische Störungen: Zu den psychosomatischen Störungen gehören unspezifische Kopf-, Bauch- oder Rückenschmerzen, Ein- und Durchschlafstörungen, nicht organisch bedingtes Einnässen oder Einkoten sowie Essstörungen.

Intellektuell-kognitive Beeinträchtigungen: Kinder, die sexualisierte Gewalt erfahren, sind häufig auch in ihrer intellektuellen Entwicklung beeinträchtigt. Zu den möglichen Folgen gehören Denkhemmungen, Sprachstörungen, Lern- und (später) Schulleistungsschwächen sowie Pseudodebilität.

Psychische Störungen: In der frühen Kindheit dominieren Angstsyndrome (z. B. Albträume), (Auto-)Aggressivität, allgemeine Freudlosigkeit und starker Rückzug aus der Gruppe, Distanzlosigkeit und eine sexualisierte Sprache bzw. ein sexualisiertes, schamloses Verhalten. Später können allgemeine Persönlichkeitsstörungen, Suchtprobleme, Delinquenz, sexuelle Störungen sowie Depressionen bis hin zu Suizidgefährdung hinzukommen.

Unspezifische Beeinträchtigungen: Zu den deutlich umrissenen Störungen kommen unspezifische Beeinträchtigungen, unter denen manche sexuell missbrauchten Kinder lebenslang leiden. Hierzu gehören ein schwach ausgebildetes Identitätsgefühl, eine begrenzte Fähigkeit zur Kommunikation (vor allem in Bezug auf die eigenen Gefühle), ein – häufig mit depressiven Verstimmungen einhergehendes – geringes Selbstwertgefühl, die begrenzte Fähigkeit, sich anderen Menschen zuzuwenden (oberflächliche und instabile Beziehungsgestaltung) sowie Schwierigkeiten, die üblichen Problemen des täglichen Lebens zu bewältigen.

Posttraumatische Belastungsstörungen: Die multiplen und vielschichtigen Folgen nach sexuellem Missbrauch werden auch mit dem Begriff der Posttraumatischen Belastungsstörung (PTBS) beschrieben. Ein Trauma (Verletzung) ist dadurch gekennzeichnet, dass die dem Individuum zur Verfügung stehenden Bewältigungsmechanismen in Bezug auf den von außen kommenden Angriff versagen. Ein Gefühl der Überwältigung stellt sich ein, die Kontrolle über die Situation und das psychische Gleichgewicht brechen zusammen. Die Überflutung mit Stressfaktoren führt zu einer affektiven Alarmreaktion, die eine stark erniedrigte Reizschwelle gegenüber potenziell bedrohlichen Außensignalen zur Folge hat. Die Kinder sind ständig auf der Hut, aus Angst, erneut Opfer einer Traumatisierung zu werden. Weitere mögliche Symptome sind eine Beeinträchtigung der Affektwahrnehmung und Affektdifferenzierung (z. B. können an sich positive Gefühlsbotschaften wie Freude oder emotionale Zuwendung als Bedrohung aufgefasst werden), Impulssteuerungsprobleme wie Jähzorn, überschießende Reaktionen, allgemeine Reizbarkeit sowie Selbstentfremdung und Dissoziation. Gemeinsam ist diesen Symptomen, dass sie eine sinnvolle Reaktion auf eine in hohem Maße schädigende Umwelt darstellen.

7.2 Signale erkennen und Schutzauftrag wahrnehmen

Es gehört zu den Pflichtaufgaben jeder Kita, Signale des Kindes oder in dessen Umfeld wahrzunehmen und zu erkennen, die einen sexuellen Missbrauch vermuten lassen. Dies ist nicht immer einfach. Sexueller Missbrauch zeigt sich nicht als in sich geschlossenes Bild, und es gibt keinen Katalog von Symptomen, die in jedem Einzelfall auftreten. Vielmehr äußert sich sexualisierte Gewalt als jeweils unterschiedliche Kombination von Signalen, Schädigungen und/oder Verletzungen, die zusammengenommen auf einen Missbrauch hinweisen. Dabei ist zu beachten, dass jedes Symptom für sich auch andere Ursachen haben kann. In der Regel geht es um eine Häufung von Anhaltspunkten, die Anlass zur Sorge geben. Folgende Symptome können auf einen sexuellen Missbrauch hindeuten:

- »Unangemessenes, dem Alter des Kindes nicht entsprechendes sexualisierendes Verhalten, zum Beispiel öffentliches Masturbieren, Zungenküsse, Geschlechtsverkehr simulieren, Berührung der Genitalien eines Erwachsenen
- Wenn ein Kind sich plötzlich weigert, zögert oder Angst hat, mit einer bestimmten Person oder an einem bestimmten Ort alleine zu sein, obwohl es bislang Freude daran hatte
- Rückzug von anderen Kindern oder Schwierigkeiten, Freundschaften einzugehen
- Indirekte Hinweise (z. B. die Frage: ›Was heißt das, wenn ein Mann jemandem seinen Penis in den Mund schiebt?‹)
- Generelle Symptome (z. B. Bettnässen, Rückfall in frühere Verhaltensweisen, Schlaf- und Essstörungen, Konzentrationsschwierigkeiten, Tagträumerei, Leben in Fantasiewelten, chronische Reizbarkeit sowie Körperhaltungen, die Scham, Schuld oder Heimlichtuerei verraten)
- Schmerzen, Brennen, Jucken oder Verletzungen im Genital- oder Analbereich« (Levine & Kline 2010, S. 181 f.).

Wenn gewichtige Anzeichen für einen sexuellen Missbrauch vorliegen, ist es gemäß § 8a Absatz 4 SGB VIII Aufgabe der Kita, eine Gefährdungseinschätzung vorzunehmen und dabei eine insoweit (hinsichtlich Kindeswohlgefährdung) erfahrene Fachkraft beratend hinzuzuziehen. Die Eltern und das Kind sollen in die Gefährdungseinschätzung einbezogen werden – aber nur dann, wenn hierdurch der wirksame

Schutz des Kindes nicht infrage gestellt wird. Weiter gehört es zu den Aufgaben der Kita, bei den Eltern auf die Inanspruchnahme von Hilfen hinzuwirken und das Jugendamt zu informieren, falls die Gefährdung nicht anders abgewendet werden kann.

In Fällen, in denen die Eltern bzw. ein Elternteil selbst als Täter:in infrage kommen oder in das Missbrauchsgeschehen auf andere Weise verwickelt sind, ist davon auszugehen, dass eine direkte Ansprache der Eltern durch die Kita die Gefahr für das Kind zusätzlich erhöht. In diesen Fällen sollte sich die Kita nach Beratung durch eine insoweit erfahrene Fachkraft ohne vorherige Information der Eltern direkt an das Jugendamt wenden, wozu sie bei Vorliegen der entsprechenden Voraussetzungen auch befugt ist.

FALLBEISPIEL

»Der wackelt dann so blöd!«

Die vierjährige Lana ist vor zwei Jahren mit ihrer Mutter aus Kroatien nach Deutschland gekommen. Seit ihrem dritten Lebensjahr geht sie auf Empfehlung einer Sozialarbeiterin in die Kita, vor allem um ihre Sprachfähigkeiten zu verbessern. Bereits im Aufnahmegespräch berichtet die Mutter, dass sie mit einem deutschen Mann verheiratet ist, der einen 14-jährigen Sohn in die Ehe eingebracht hat. Zu Beginn ist Lana in der Kita sehr zurückhaltend. Dann aber macht sie schnell große Fortschritte. Vor allem sprachlich, aber auch im Zusammenspiel mit anderen Kindern blüht sie regelrecht auf. Seit einigen Wochen jedoch klagt sie oft über Kopf- und Bauchschmerzen, ohne dass sich dafür eine Erklärung anbietet. In einer ruhigen Situation beim Vorlesen wendet sie sich an eine Fachkraft: Wenn die Mutter und ihr Stiefvater abends weggingen, dann halte ihr großer Stiefbruder Nils sie manchmal ganz fest und zwinge sie, sich auf seinen Schoß zu setzen. »Der wackelt dann so blöd. Das mag ich nicht!«, erzählt sie und klammert sich eng an die Fachkraft.

Nach Lanas Bericht werden der pädagogischen Fachkraft zahlreiche Fragen durch den Kopf gehen: Stehen die Kopf- und Bauchschmerzen, über die das Mädchen häufig klagt, in Zusammenhang mit dem Verhalten des Stiefbruders? Hat Lana ihr wirklich alles erzählt? Wann haben die Übergriffe begonnen, und welches Ausmaß haben sie bereits erreicht? Geht es hier um sexuellen Missbrauch? Wissen die Mutter und der Stiefvater davon, und warum sind sie nicht in der Lage, das Kind ausreichend zu schützen? Muss sie Lanas Eltern sofort informieren? Wie werden sie reagieren?

Bei Anzeichen für einen sexuellen Missbrauch sind ruhige Überlegung und planvolles Vorgehen unabdingbar. Panische Reaktionen können die Situation möglicherweise verschlimmern und die Gefährdung noch erhöhen. Im Fall von Lana sollte die Fachkraft den Erzählungen des Mädchens einfühlsam zuhören und unmissverständlich deutlich machen, dass das Verhalten des Stiefbruders nicht akzeptabel ist. Sofern Lana bereit ist, Einzelheiten zu berichten, kann behutsam nachgefragt werden. Zumeist markieren Kinder die Grenzen ihrer Mitteilungsbereitschaft sehr genau; diese Grenzen müssen dann auch respektiert werden.

Anschließend sollte die Fachkraft das Gespräch mit der Leitung suchen. Da bei Anzeichen für einen sexuellen Missbrauch nicht abgewartet werden kann, sollte gemäß § 8a Absatz 4 SGB VIII noch am selben Tag (notfalls telefonisch) eine insoweit erfahrene Fachkraft beratend hinzugezogen werden. Ziel des Gesprächs zwischen der Kita und der insoweit erfahrenen Fachkraft ist es, eine Abschätzung des Gefährdungsrisikos für das Kind vorzunehmen und das weitere Vorgehen zu planen.

Da die Mutter und der Stiefvater von den Vorfällen möglicherweise nichts wissen und sie anscheinend nicht selbst verwickelt sind, sollte die Kita (Leitung und Bezugsfachkraft) noch am selben Tag das Gespräch mit den Eltern suchen. Einer möglichen Bitte Lanas, niemandem von den Vorkommnissen zu erzählen, darf nicht nachgekommen werden. Vielmehr muss die Kita dem Mädchen vermitteln, dass sie dafür Sorge zu tragen hat, dass Lana in Zukunft besser geschützt wird.

Das weitere Vorgehen hängt vom Verlauf des Elterngesprächs ab. Wenn die Mutter und der Stiefvater Lanas Schilderungen und die Beobachtungen der Kita ernst nehmen und alle notwendigen Maßnahmen ergreifen, damit ihre (Stief-)Tochter Hilfe erhält und künftig besser vor Übergriffen geschützt ist, dann können diese Hilfen möglicherweise ausreichen, um die Gefährdung wirksam abzuwenden. Andernfalls, wenn also die Eltern den Berichten Lanas keinen Glauben schenken oder die Vorfälle herunterspielen, muss die Kita darauf bestehen, dass die Eltern Kontakt zum Jugendamt aufnehmen, oder selbst das Jugendamt informieren. Gleiches gilt, wenn der Kita weitere beunruhigende Vorfälle bekannt werden.

FALLBEISPIEL

Jasmin hat Schmerzen

Jasmin ist drei Jahre alt und wird morgens zu sehr unterschiedlichen Zeiten in die Kita gebracht. Manchmal steht ihre Mutter mit ihr bereits um acht Uhr an der Tür, an anderen Tagen kommt sie erst um zehn. Nachmittags wird Jasmin fast immer als letztes Kind abgeholt. Das Team macht sich seit Längerem Sorgen um sie, weil sie so schlecht spricht und oft schon morgens müde ist. Beunruhigend sind auch ihre Erzählungen, dass sie weiterhin im Bett der Mutter schläft und abends lange fernsieht. An einem Montagvormittag fällt einer Erzieherin auf, dass Jasmin erst nach langem Abwarten auf die Toilette geht. Offensichtlich hat sie Schmerzen. Als sie ihr beim Ankleiden hilft, sieht sie, dass das Mädchen einen stark geröteten Po hat, besonders im Bereich des Anus. Weinend berichtet Jasmin, dass der »Onkel« von Mama »aua« gemacht hat.

Das Erscheinungsbild und die Äußerungen des Mädchens, ihre Schmerzen beim Toilettengang sowie die bereits seit Längerem beobachteten Anzeichen von Vernachlässigung müssen in der Kita alle roten Lampen aufleuchten lassen. Hier liegen mehrere gewichtige Anzeichen für eine Gefährdung und einen sexuellen Missbrauch des Kindes vor. Da die Mutter in das Geschehen verwickelt ist, sollte die Kita zunächst nicht mit ihr Kontakt aufnehmen, weil dies die Gefahr für das Kind noch erhöhen kann, wenn die Mutter ihre Tochter zum Beispiel aus der Kita nimmt oder versucht, eine Straftat (des »Onkels«) zu vertuschen.

In diesem Fall ist rasches und entschlossenes Handeln gefordert. Zunächst sollte die Leitung der Kita über die Beobachtungen informiert und noch am selben Tag – notfalls telefonisch – eine insoweit erfahrene Fachkraft beratend hinzugezogen werden. Nach kurzer Abstimmung ist dann gemäß § 8a Absatz 4 SGB VIII direkt das Jugendamt zu informieren, das die weiteren Schritte koordiniert. Hierzu gehören die Information der Mutter, die Sicherstellung der ärztlichen Versorgung des Kindes einschließlich der medizinischen Dokumentation, der Schutz des Kindes eventuell durch Inobhutnahme (z. B. in eine Kriseneinrichtung oder Bereitschaftspflegestelle) sowie je nach Entwicklung des Falls die Einschaltung des Familiengerichts und die Erstattung einer Strafanzeige. Sämtliche Schritte sind von den beteiligten Institutionen sorgfältig zu dokumentieren.

7.3 Gesprächsführung mit betroffenen Kindern

Kinder, die im häuslichen Milieu sexualisierte Gewalt erleiden, befinden sich in einer schwierigen Situation. Einerseits benötigen sie einfühlsame Erwachsene, denen sie sich mitteilen können, bei denen sie Trost und Verständnis finden und die dazu beitragen, ihre Lage zu verbessern. Andererseits versuchen gerade junge Kinder genau dies zu vermeiden, um nicht die Loyalität gegenüber ihrer Familie aufzugeben, ihre wichtigsten Bezugspersonen zu »verraten« und sich gegen die eigenen Eltern zu stellen. Oft senden die Kinder daher versteckte Botschaften, die sie zum Beispiel an eine Fachkraft richten. Dabei wählen die Kinder in der Regel die Personen, denen sie sich mitteilen, »nicht aufgrund der fachlichen Expertise der Vertrauensperson zum Thema sexueller Missbrauch, sondern aufgrund der Nähe und der subjektiv gefühlten Vertrauenswürdigkeit. Insofern kann jeder und jede, die direkt mit Kindern arbeitet oder mit Kindern Umgang hat und dabei das Vertrauen von Kindern gewinnt, ein privilegierter Ansprechpartner bzw. eine Ansprechpartnerin von betroffenen Kindern sein« (Fegert & Liebhardt 2012, S. 25).

Aufgabe der pädagogischen Fachkräfte in der Kita ist es, die Signale gefährdeter Kinder ernst zu nehmen, ihren verbalen und nonverbalen Äußerungen Glauben zu schenken und ihnen verständlich zu machen, dass die Einrichtung daran mitwirkt, die Gefährdung zu beenden. Dabei geht es nicht darum, beim Kind auf kriminalistische Weise nachzufragen oder gar schuldhaftes Verhalten des/der Täter:in zu ermitteln. Ziel der Gespräche mit Kindern in Gefährdungssituationen ist vielmehr, die Kinder zu entlasten und ein möglichst genaues Bild ihrer Situation zu erhalten, um auf diese Weise notwendige Hilfen zu ermöglichen.

In entspannten, Schutz bietenden Situationen sind Kinder erstaunlich gut in der Lage, unbefangen über belastende Erlebnisse zu sprechen, die bei ihnen Gefühle wie Angst, Wut, Hilflosigkeit oder Trauer auslösen. Wichtig hierbei ist, dass die Fachkräfte selbst offen für diese Themen sind und nicht eigene Ängste den Zugang erschweren. Die Psychologin Martine Delfos vermutet, dass Erwachsene oft die Fähigkeit von Kindern unterschätzen, über problematische Ereignisse zu sprechen: »Das liegt vermutlich an ihren eigenen Schwierigkeiten, über schmerzhafte Themen zu sprechen. Sie projizieren ihre eigenen Schwierigkeiten auf das Kind. Kinder dagegen sind oft unbefangen und bereit, ganz frei über emotionale Themen zu sprechen, sobald sie merken, dass ein Erwachsener dem offen gegenübersteht« (Delfos 2004, S. 123).

Auf den ersten Blick mag erstaunen, dass Kinder sich mit wichtigen Anliegen nicht immer an die für sie zuständige Fachkraft wenden, sondern zum Beispiel an eine in einer anderen Gruppe tätige Fachkraft. Einmal davon abgesehen, dass sich Sympathie und Vertrauen nicht nach Zuständigkeit verteilen, kann hierbei eine Rolle spielen, dass das Kind »seine« pädagogische Fachkraft vor Belastungen schützen möchte und eher bereit ist, einer weiter entfernten Person von sich zu erzählen. Damit wichtige Äußerungen des Kindes auch außerhalb der eigenen Gruppe nicht verloren gehen, ist ein beständiger Austausch im Gesamtteam der Einrichtung unabdingbar.

Betroffenen Kindern aktiv zuhören

Kinder, die von emotional belastenden Erlebnissen berichten, erwarten von den pädagogischen Fachkräften, dass sie:

- aufmerksam zuhören und Interesse an ihren Erfahrungen und Sichtweisen zeigen
- nachfragen, wenn etwas nicht verständlich geworden ist
- signalisieren (nonverbal und verbal), dass sie verstanden werden
- ihre Themen aufgreifen, ohne dabei zu sehr in sie einzudringen
- respektieren, wenn sie über ein bestimmtes Thema nicht weitersprechen möchten
- sie nicht vor den anderen Kindern bloßstellen
- Stellung nehmen zu Fragen von Recht und Unrecht (z. B. »Gewalt ist tabu«) und die für alle Menschen geltenden Grundrechte vertreten
- ihnen Unterstützung anbieten, um mit schwierigen Situationen umgehen zu können

Eine kindgerechte Kommunikation baut auf den Dialog zwischen Kind und Fachkraft. Dem Kind wird gezeigt, dass es mit seinen Äußerungen ernst genommen und in Konfliktsituationen unterstützt wird. Altersgerechte Kommunikation berücksichtigt das Ausdrucks- bzw. Symbolisierungsvermögen des Kindes, den Stand seines Wissens, die persönliche Aufmerksamkeitsspanne sowie emotionale Aspekte. Bei Gesprächen mit jungen Kindern sind die folgenden Punkte zu beachten (vgl. Delfos 2004, S. 98):

- dafür sorgen, dass das Kind sich wohlfühlt; auf körperliche Signale eingehen (z. B. nicht zu lange still sitzen); nicht länger als 10 bis 15 Minuten sprechen.
- Augenhöhe des Kindes einnehmen und es immer wieder ansehen, während man spricht; Blickkontakt herstellen, diesen aber auch unterbrechen (Raum für Rückzug geben)
- Reden mit Spielen kombinieren (aus einer Spielhandlung in ein Gespräch kommen)
- Metakommunikation nutzen, das heißt das kommunikative Geschehen zwischenzeitlich aus der Sicht einer beobachtenden Person kommentieren (z. B. »Ich merke, dass du müde bist. Vielleicht können wir morgen weiterreden?«)
- nonverbale Kommunikationsformen wie Mimik und Gestik einsetzen
- so konkret wie möglich formulieren, kurze Sätze verwenden und schwierige Worte erklären; dem Kind Hilfen bei der Formulierung geben
- das Kind ermutigen, zu erzählen, was es empfindet oder will, weil man es sonst nicht weiß
- dem Kind aufmerksam zuhören und ihm die nötige Zeit lassen
- durch Wiederholung der Äußerungen des Kindes und anhand von Beispielen deutlich machen, dass verstanden wurde, was das Kind sagen will
- darauf hinweisen, dass man das Gespräch unterbricht und später fortsetzen wird, sobald man merkt, dass das Kind nicht (mehr) bei der Sache ist
- dafür sorgen, dass ein Kind nach einem schwierigen Gespräch wieder zu sich kommt; deutlich das Ende eines Gesprächs markieren

KITA-PRAXIS

Betroffene Kinder spiegeln

Die wichtigste Möglichkeit, einfühlsam zu reagieren, besteht darin, dem Kind nonverbal und verbal das zu spiegeln, was es an sachlichen und emotionalen Inhalten ausgedrückt hat. Ein Großteil dieser Spiegelungen geschieht intuitiv. So atmet die pädagogische Fachkraft zum Beispiel tief ein und macht ein sorgenvolles Gesicht, wenn das Kind etwas Trauriges erzählt. Auf diese Weise erfährt das Kind Verständnis und wird dabei unterstützt, sich selbst wahrzunehmen. Neben nonverbalen Signalen sind unterschiedliche Formen verbalen Spiegelns bedeutsam:

- Die Handlung eines Kindes wird benannt (begleitendes Sprechen). Beispiel: »Als du heute früh in die Gruppe gekommen bist, bist du gleich in die Leseecke gegangen, ohne die anderen zu begrüßen.«
- Gefühle des Kindes werden benannt. Beispiel: »Als dir beim Frühstück der Becher umgefallen ist, hast du ganz erschrocken geschaut. Hattest du Angst, dass jemand schimpft?«
- Verbale Äußerungen des Kindes werden wiederholt - wortwörtlich, als korrigierendes Feedback oder in Umschreibung.

Während manche Kinder bereitwillig auch über schwierige Themen sprechen, trauen sich andere Kinder nur selten, von sich aus das Wort zu ergreifen. Gerade für schüchterne, in sich gekehrte, verängstigte oder sprachauffällige Kinder ist es wichtig, dass die pädagogische Fachkraft Gespräche anregt. Eine häufig erfolgreiche Möglichkeit, Kinder in Gespräche einzubeziehen, besteht darin, sich gemeinsam auf ein Drittes zu konzentrieren (eine trianguläre Perspektive einzunehmen) und zum Beispiel Handpuppen einzusetzen.

Fragen unterstützen das Kind dabei, sich zu erinnern, Assoziationen aufzubauen, eigene Ideen zu strukturieren und sich eine Meinung zu bilden. Darüber hinaus wird den Kindern durch Fragen gezeigt, dass Erwachsene keineswegs – wie von ihnen oft vermutet – bereits alles wissen. Um ein Gespräch mit Kindern zu eröffnen, sind offene Fragen (Fragen, auf die nicht mit »Ja« oder »Nein« geantwortet werden kann) sinnvoll, eventuell eingeleitet mit einer erläuternden Aussage. Beispiel: »Manchmal haben Kinder Angst, beispielsweise wenn sie bei Dunkelheit in den Keller gehen. Wann bist du schon einmal ängstlich gewesen?« Offene Fragen fördern freie Assoziationen. Sie begrenzen das Gegenüber nicht, sondern fordern es auf, sich inhaltlich und persönlich zu beteiligen. Geschlossene Fragen, auf die mit einem einfachen »Ja« oder »Nein« geantwortet werden kann, sind demgegenüber für die Klärung von Sachinhalten wichtig.

Fragen können auf unterschiedliche Weise wiederholt werden, wenn dabei nicht zu komplex und abstrakt gefragt wird. Es erleichtert das Verständnis, eher raum- als zeitbezogen zu fragen (»Wo warst du, als … passiert ist?« statt »Wann …?«). An einen räumlich-situativen Kontext können sich junge Kinder leichter erinnern als an zeitliche Abläufe. Bisweilen kann es hilfreich sein, auf die Metaebene zu wechseln, also über das Reden zu reden. Beispiel: »Weißt du, manchmal traue ich mich nicht, etwas zu sagen. Geht es dir auch so?« Metakommunikation macht besonders deutlich, dass ein Interesse an der wirklichen Meinung des Kindes besteht.

Suggestive Fragen sollten vermieden werden, da sich in ihnen bereits die Antworten verstecken, die vom Kind erwartet werden. Auf Ironie sollten Erwachsene verzichten, da junge Kinder dadurch verwirrt werden können. Langsames Sprechen beruhigt. Wer langsam spricht, gibt der anderen Person das Gefühl, reagieren zu dürfen. Fragen sollten daher langsam und deutlich formuliert werden. Auf diese Weise können Kinder besser in das Gespräch einsteigen. Sie haben ausreichend Zeit, die Informationen zu verarbeiten und in Ruhe selbst zu formulieren. Am Ende von (Frage-)Sätzen langsamer zu werden, markiert für die Kinder, dass sie jetzt antworten können.

Die Bereitschaft zur Kommunikation wird durch die Erfahrung eigener Wirksamkeit gefördert, indem dem Kind deutlich wird, dass seine Worte Gewicht haben und zu Veränderungen im Handeln führen. Am Ende eines Gesprächs sollte die Fachkraft daher mit dem Kind besprechen, welche Konsequenzen sich daraus ergeben. Dabei teilt sie ihm mit, dass sie über wichtige Inhalte des Gesprächs im Team sprechen wird, um anschließend den Austausch mit den Eltern zu suchen (dies gilt nicht in den Fällen, in denen ein Gespräch mit den Eltern die Gefährdung des Kindes noch verstärkt).

Manchmal will ein Kind nicht, dass die Eltern erfahren, was es in der Kita über die Situation zu Hause erzählt hat. In diesem Fall sollte die Fachkraft nachfragen, was das Kind befürchtet – und auch, was genau aus seiner Sicht den Eltern nicht mitgeteilt werden soll. In vielen Fällen bezieht sich der Wunsch des Kindes nach Vertraulichkeit lediglich auf bestimmte Aspekte seiner Mitteilungen oder auf einzelne Formulierungen, wegen derer es sich zum Beispiel schämt. Soweit dies nicht den Kern seiner Aussagen betrifft, sollte darauf Rücksicht genommen werden. Wenn ein Kind jedoch darauf besteht, dass mit den Eltern überhaupt nicht über seine Situation gesprochen wird, so kann diesem Wunsch nicht entsprochen werden, da das Recht des Kindes auf Schutz vor Gefährdungen Vorrang hat vor anderen Erwägungen.

7.4 Vernetzung mit anderen Diensten und Einrichtungen

Unabhängig von der Kooperation im Einzelfall ist es sinnvoll, wenn sich die Kita mit anderen Diensten und Einrichtungen im Stadtteil oder in der Region vernetzt. Das Bundeskinderschutzgesetz sieht vor, flächendeckend verbindliche Strukturen der Zusammenarbeit aller Dienste und Einrichtungen im Bereich des Kinderschutzes aufzubauen. Zu diesen Strukturen gehören auch Kindertageseinrichtungen. Weitere Mitglieder der lokalen Netzwerke sind unter anderem Jugendamt, Gesundheitsamt, Schwangerschaftsberatungsstellen, Schulen, Familienbildungsstätten, Erziehungs- und Familienberatungsstellen, Fachberatungsstellen (z. B. zu sexuellem Missbrauch), Frühförderstellen, niedergelassene Kinderärzt:innen, Sozialpädiatrische Zentren, Krankenhäuser, Polizei und Familiengerichte. Ziel der Vernetzung ist es, »sich gegenseitig über das jeweilige Angebots- und Aufgabenspektrum zu informieren, strukturelle Fragen der Angebotsgestaltung und -entwicklung zu klären sowie Verfahren im Kinderschutz aufeinander abzustimmen« (§ 3 Abs. 1 des Gesetzes zur Kooperation und Information im Kinderschutz, KKG). Die Verantwortung für die Organisation der Netzwerke liegt in der Regel beim Jugendamt.

Die Mitarbeit in einem lokalen Netzwerk Kinderschutz ermöglicht es der Kita, sich über die Angebote und Arbeitsweisen anderer Institutionen im Sozialraum zu informieren. Zugleich besteht dadurch Gelegenheit, die Bedeutung und Rolle der Kita im Bereich des präventiven und intervenierenden Kinderschutzes deutlich zu machen. Außerdem können durch die Teilnahme an Netzwerkveranstaltungen Informationen zu bestehenden Angeboten im Sinne einer »Sozialen Landkarte« zusammengetragen werden, die für Eltern in Not- und Krisensituationen von Nutzen sind.

7.5 Sexualisierte Gewalt durch pädagogische Fachkräfte

Auch pädagogische Fachkräfte sowie andere in der Kita tätige Personen können die Grenzen von Kindern verletzen oder Missbrauchstaten begehen. Zwar kann davon ausgegangen werden, dass aufgrund der Besonderheiten im Arbeitsfeld Kita – hoher Anteil von weiblichen Beschäftigten, relativ große soziale Kontrolle, keine Tag-und-Nacht-Betreuung – die Zahl schwerer Missbrauchstaten mit Körperkontakt im Vergleich zu Schulen, Heimen und Internaten relativ gering ist. Dies gilt jedoch vermutlich nicht für minder schwere Fälle und sexuelle Grenzverletzungen.

Wenn pädagogische Fachkräfte in Ausübung ihrer beruflichen Tätigkeit die Grenzen von Kindern verletzen oder sexualisierte Gewalt anwenden, belastet dies die betroffenen Kinder und deren Eltern sowie die Einrichtung und deren Träger schwer. Denn in diesem Fall missachten gerade diejenigen, zu deren professioneller

Aufgabe der Schutz von Kindern gehört, elementare ethische und fachliche Prinzipien ihres Berufs. Der mit dem Vertrauensbruch verbundene Schaden für die Institution kann sehr groß ausfallen. Umso wichtiger ist rasches und kompetentes Handeln. Hier sind vor allem die Einrichtungsleitung und der Träger als Arbeitgeber gefragt. Je nach Schweregrad und den Umständen des Einzelfalls verlangt die Situation unterschiedliche Maßnahmen, die von einem Mitarbeiter:innengespräch bis hin zu (Verdachts-)Kündigung und Einschaltung der Strafverfolgungsbehörden reichen können.

FALLBEISPIEL

Wer wird hier eigentlich getröstet?

Mia ist drei Jahre alt und hat vor Kurzem einen Bruder bekommen. Seitdem ist sie in der Kita sehr anhänglich. Oft streckt sie ihre Arme aus und will auf den Schoß. Die für sie zuständige Fachkraft genießt diese intensive Nähe. Sie legt ihre Wange auf den Kopf des Mädchens und streichelt ausgiebig deren lange Haare. Nachdem eine Kollegin die beiden längere Zeit beobachtet hat, fragt sie Mias Erzieherin: »Wer tröstet hier eigentlich wen?«

Die für Mia zuständige Fachkraft hat die Bedürftigkeit des Mädchens erkannt, das nach der Geburt ihres Bruders vermutlich nicht mehr so wie zuvor die uneingeschränkte Aufmerksamkeit seiner Eltern erhält und sich dadurch möglicherweise zurückgesetzt fühlt. Sie nimmt das Mädchen auf den Schoß und bietet ihm Trost und Nähe. Dennoch ist eine Kollegin irritiert. Sie bemerkt, dass die Fachkraft über eine längere Zeit eine große Nähe zu Mia zulässt und selbst herstellt, bei der nicht mehr erkennbar ist, ob eindeutig die Bedürftigkeit des Kindes im Vordergrund steht. Ihr ungutes Gefühl bringt sie mit der Frage zum Ausdruck, wer hier eigentlich wen tröstet.

Sobald Fürsorge und pädagogische Verantwortung für das Wohl des Kindes in ein partnerschaftliches Verhalten umschlagen, liegt eine Grenzverletzung vor. Dies ist hier der Fall. Vielleicht ist der Fachkraft ihr Verhalten nicht einmal bewusst, da sie meint, im besten Interesse des Kindes zu handeln. Umso wichtiger ist es, sie darauf hinzuweisen. Sofern es sich um einen einmaligen Vorgang handelt, reichen der entsprechende Hinweis und ein sich anschließendes kollegiales Gespräch möglicherweise bereits aus. Falls in dieser Situation jedoch ein typisches Verhaltensmuster erkennbar wird und die Fachkraft wiederholt und nachhaltig Kinder für eigene Bedürfnisse ausnutzt, sollte ein Mitarbeiter:innengespräch mit der Leitung der Kita stattfinden, in dem die Leitung die Notwendigkeit grenzwahrenden Verhaltens deutlich macht.

FALLBEISPIEL

Paul ist verstört

Der eineinhalbjährige Paul ist seit etwa drei Monaten in der Krippe. Dort wird er von zwei Fachkräften und seit Kurzem zusätzlich von einem Praktikanten betreut, der sich neben Paul noch um zwei weitere Jungen kümmert. Eines Morgens berichtet Pauls Mutter einer Fachkraft, ihr sei aufgefallen, dass ihr Sohn immer dann, wenn der Praktikant ihn gewickelt hatte, »von oben bis unten« mit Pflege-Öl eingerieben war. Sie habe das sehr seltsam gefunden, zumal Paul danach immer so verstört wirkte. Im Verlauf des Gesprächs fällt der Fachkraft ein, dass sie sich schon gewundert hat, warum der junge Mann mit dem Wickeln immer so lange braucht und außerdem bemüht ist, die Tür zum Wickelbereich nicht offen zu lassen

In diesem Fall wendet sich eine Mutter an eine zuständige Fachkraft ihres noch sehr jungen Kindes und berichtet von einer wiederholten Verstörung des Jungen, nachdem dieser von einem Praktikanten in der Kita gewickelt und ungewöhnlich intensiv mit einem Pflege-Öl eingerieben worden war. In Verbindung mit ihren Beobachtungen rund um die Wickelsituation in der Kita – lange Dauer und Versuch des Abschirmens – muss dies die Fachkraft alarmieren. Ohne dass Näheres bekannt ist, liegen hier gewichtige Anhaltspunkte für sexualisierte Gewalt durch einen Praktikanten vor.

Die pädagogische Fachkraft sollte sehr zeitnah, das heißt noch am selben Tag, die Leitung der Kita über den Vorfall informieren. Ergänzend kann es sinnvoll sein, bei einer Fachberatungsstelle, die sich auf sexualisierte Gewalt spezialisiert hat, Rat einzuholen. Im Rahmen einer Gefährdungseinschätzung sollten die folgenden Fragen besprochen werden:

- Welche eventuell weiteren Anhaltspunkte für eine Gefährdung des Jungen und/oder anderer Kinder in der Einrichtung sind bekannt?
- Welche Maßnahmen zum Schutz der Kinder sind erforderlich?
- Soll Strafanzeige erstattet werden?

Um Paul zu schützen, sollte sofort sichergestellt werden, dass der Praktikant mit keinem Kind in der Kita mehr allein tätig ist. Dem jungen Mann gegenüber kann dies zunächst allgemein mit Beschwerden von Eltern begründet werden. Ein konfrontatives Gespräch mit dem Praktikanten sollte erst stattfinden, nachdem darüber entschieden wurde, ob Strafanzeige gestellt wird. Ein Gespräch, das den Ermittlungsbehörden vorweggreift, kann zur Folge haben, dass Verdunkelungsgefahr besteht bzw. spätere Aussagen gerichtlich nicht mehr verwertbar sind.

Mit Pauls Eltern sollte besprochen werden, ob sie bei dem Jungen möglicherweise körperliche Verletzungen festgestellt haben, die eine ärztliche Abklärung, Behandlung und Dokumentation erfordern. Falls die Eltern den Verdacht haben, dass ihr Kind sexuell missbraucht wurde, können sie Strafanzeige stellen. Falls sie unsicher sind, sollten Gespräche bei einer Fachberatungsstelle empfohlen werden. Eine Anzeigepflicht besteht nicht.

Auch die Kita sollte – nach Rücksprache mit dem Träger – entscheiden, ob sie Anzeige erstattet. Auch hier besteht keine Anzeigepflicht. Die vom Bundesministerium der Justiz herausgegebenen »Leitlinien zur Einschaltung der Strafverfolgungsbehörden« sehen jedoch vor, dass pädagogische Einrichtungen bei tatsächlichen Anhaltspunkten für sexuellen Missbrauch in der Regel die Strafverfolgungsbehörden, also Polizei oder Staatsanwaltschaft, informieren, die dann zu Ermittlungen verpflichtet sind (vgl. Bundesministerium der Justiz und Verbraucherschutz 2021). Ausnahmen können sein, (1) wenn durch die Anzeige eine zusätzliche unmittelbare gesundheitliche Gefährdung (z. B. Selbstverletzung, Suizid) für das Opfer entstehen würde (was bei Paul nicht der Fall ist) oder (2) wenn Pauls Eltern als gesetzliche Vertreter:innen des Kindes sich auch nach ausführlicher Information gegen eine Strafanzeige aussprechen.

Leitlinien zur Einschaltung der Strafverfolgungsbehörden

Als ein Ergebnis des »Runden Tisches Sexueller Kindesmissbrauch« der Bundesregierung wurden »Leitlinien zur Einschaltung der Strafverfolgungsbehörden« erarbeitet. »Die Leitlinien besagen im Kern, dass die Einrichtungen Informationen über Verdachtsfälle von sexuellem Missbrauch - von eng gefassten Ausnahmen abgesehen - schnellstmöglich an die Strafverfolgungsbehörden weitergeben sollen. Sexueller Missbrauch darf nicht vertuscht, sondern muss zügig verfolgt werden, auch um gegebenenfalls weitere Missbrauchsfälle in der Einrichtung zu verhindern. Die Einrichtungen tragen damit eine eigene Verantwortung dafür, ob und wann die Strafverfolgungsbehörden eingeschaltet werden. Sie dürfen sich nicht darauf beschränken, das Opfer lediglich auf die Möglichkeit zu verweisen, selbst Strafanzeige zu erstatten« (Bundesministerium der Justiz und Verbraucherschutz 2021, S. 8).

Sollten Pauls Eltern auf eine Einschaltung der Strafverfolgungsbehörden verzichten, bedeutet dies nicht automatisch, dass die Kita (bzw. der Träger der Einrichtung) tatsächlich von einer Anzeige absieht. Sie darf dies gemäß den genannten Leitlinien nur dann tun, wenn eine »Gefährdung des Opfers und anderer potentieller Opfer weiterhin durch eigene Maßnahmen der Institution mit hoher Sicherheit ausgeschlossen werden kann und die Angaben des Opfers sowie die der Institution bekannten weiteren Umstände auf ein tatsächliches Geschehen von geringer Schwere schließen lassen« (ebd., S. 53). Ob diese Voraussetzungen vorliegen, kann nicht von der Einrichtung allein entschieden, sondern muss durch unabhängige und fachlich qualifizierte Beratung, zum Beispiel einer Fachberatungsstelle, bestätigt werden.

Unabhängig von der Frage, ob Anzeige erstattet wird, sollte die Leitung der Kita dem Praktikanten deutlich machen, dass seine Versuche, das Wickeln der Kinder vor den Blicken der Fachkräfte zu verbergen, einen schweren Vertrauensbruch darstellen und das Praktikumsverhältnis daher mit sofortiger Wirkung beendet wird. Über die Gründe für die Beendigung des Praktikums wird die Ausbildungsstätte des Praktikanten informiert. Falls es sich im Unterschied zu dem beschriebenen Fall um eine:n angestellte:n Mitarbeiter:in mit einem solchen Fehlverhalten handelt, kommt eine sogenannte Verdachtskündigung (fristlose Kündigung aus wichtigem Grund gemäß § 626 BGB) in Betracht. Sämtliche von der Kita vorgenommenen Schritte sollten sorgfältig dokumentiert werden.

Da es sich bei dem geschilderten Fall um eine Beeinträchtigung des Kindeswohls handelt, ist der Träger der Kita gemäß § 47 SGB VIII außerdem verpflichtet, die zuständige Aufsichtsbehörde (je nach Länderregelung das Jugendamt oder das Landesjugendamt) über den Vorfall zu informieren. Die Aufsichtsbehörde wird sich daraufhin vergewissern, ob sämtliche Konsequenzen erfolgt sind, die zur Aufarbeitung und Verhinderung weiteren Fehlverhaltens notwendig sind. Eine solche Meldung dient auch dem Schutz des Trägers und der Kita.

Nicht in jedem Fall kann sich eine Kita vor Fehlverhalten und (sexualisierter) Gewalt durch Mitarbeiter:innen erfolgreich schützen. Wichtig im Hinblick auf den institutionellen Schutz vor sexuellem Missbrauch sind das Vorhandensein eines Präventions- und Schutzkonzepts, eine offene Haltung im Team, die auch Kritik zulässt, sowie eine professionelle Auswahl und Führung von Mitarbeitenden. »Heutzutage (sollte es) ein Qualitätsmerkmal sein, dass Einrichtungen und ehrenamtliche Träger von sich aus aktiv Präventionskonzepte entwickeln. Hierzu gehört eine sorgfältige Personalauswahl und auch eine bestimmte Haltung, die sich schon zum Beispiel dadurch bemerkbar macht, dass man die jetzt in den meisten Fällen erforderliche Einholung eines erweiterten polizeilichen Führungszeugnisses bei Mitarbeiterinnen und Mitarbeitern in der Kinderbetreuung nicht als eine der vielen administrativen Auflagen betrachtet, sondern Bewerberinnen und Bewerbern deutlich macht, was der Sinn dieser Maßnahme ist und wie sich die Einrichtung selbst zur Frage des Schutzes vor sexuellem Missbrauch stellt« (Fegert & Liebhardt 2012, S. 23).

Schlusswort

Von Beginn an gehört Sexualität zum Leben jedes Kindes. Die psychosexuelle Entwicklung und die allmähliche Herausbildung von Geschlechtsidentität, Geschlechtsrolle und sexueller Orientierung sind wichtige Bestandteile der allgemeinen Persönlichkeitsbildung. Um sexuelle Bildung zu ermöglichen, braucht es lernförderliche Impulse. Jede Kindertageseinrichtung sollte daher über ein sexualpädagogisches Konzept verfügen, das auf ihre spezielle Situation abgestimmt ist. Das Konzept wird im Team erarbeitet, mit dem Träger der Einrichtung abgestimmt und den Eltern zur Kenntnis gegeben und erläutert.

Ganzheitliche Sexualpädagogik orientiert sich an den Bedürfnissen und Rechten der Kinder auf Schutz, Förderung und altersangemessene Beteiligung. Eine geschlechtergerechte Pädagogik sowie Sexualaufklärung und Sexualerziehung gehören ebenso dazu wie ein Konzept zum Schutz der Kinder vor sexualisierter Gewalt, das auch die Teilhabe- und Beschwerderechte der Eltern berücksichtigt. Ziel von Sexualpädagogik in der Kita ist es, dass die Kinder sich in ihrem Körper wohlfühlen, eine sichere geschlechtliche Identität entwickeln, Sexualität positiv erleben, auf ihre eigenen Grenzen achten und die Grenzen anderer Menschen respektieren.

Anhang

Anlaufstellen im Netz

Buch- und Materialtipps für Kinder

Literatur

Anlaufstellen im Netz

www.amyna.de
AMYNA e. V. Arbeitsstelle für den Schutz von Mädchen* und Jungen* vor sexueller Gewalt

www.beauftragte-missbrauch.de
Unabhängige Beauftragte der Bundesregierung für Fragen des sexuellen Kindesmissbrauchs
Hilfe-Telefon Sexueller Missbrauch: 0800 2255530
Online-Beratung des Hilfe-Telefons Sexueller Missbrauch:
www.hilfe-telefon-missbrauch.de

www.bke.de
Bundeskonferenz für Erziehungsberatung (bke) e. V. – Verzeichnis der Erziehungs- und Familienberatungsstellen

www.dgfpi.de
Deutsche Gesellschaft für Prävention und Intervention bei Kindesmisshandlung, -vernachlässigung und sexualisierter Gewalt (DGfPI) e. V. – Informationen für Fachkräfte

www.dksb.de
Der Kinderschutzbund Bundesverband (DKSB) e. V. – Hilfen bei Gewalt gegen Kinder

www.ecpat.de
ECPAT Deutschland e. V., Arbeitsgemeinschaft zum Schutz der Kinder vor sexueller Ausbeutung

www.faustlos.de
Gewaltpräventionsprogramm für Kindergärten und Schulen

www.fruehehilfen.de
Nationales Zentrum Frühe Hilfen c/o Bundeszentrale für gesundheitliche Aufklärung – Vernetzung früher Hilfen

www.hilfeportal-missbrauch.de
Hilfeportal Sexueller Missbrauch mit Adressdatenbank

www.isp-sexualpaedagogik.org
Institut für Sexualpädagogik und sexuelle Bildung (isp)

www.kein-raum-fuer-missbrauch.de
Kampagne »Kein Raum für Missbrauch« der Unabhängigen Beauftragten der Bundesregierung für Fragen des sexuellen Kindesmissbrauchs

www.kein-taeter-werden.de
Präventionsnetzwerk und Hilfen für Menschen, die sich sexuell zu Kindern hingezogen fühlen

www.kindergartenplus.de
Kindergarten plus – Programm der Deutschen Liga für das Kind zur Stärkung der Persönlichkeit von Kindern in Kindertageseinrichtungen

www.kinderschutz-zentren.org
Bundesarbeitsgemeinschaft der Kinderschutz-Zentren e. V.

www.liga-kind.de
Deutsche Liga für das Kind – Informationen, Broschüren und Filme zu Themen im Bereich »Frühe Kindheit«

www.nina-info.de
N. I. N. A. e. V. – Nationale Infoline – Netzwerk und Anlaufstelle zu sexueller Gewalt an Mädchen und Jungen

www.nummergegenkummer.de
Nummer gegen Kummer e. V. – Kinder- und Elternberatung
Kinder und Jugendliche: 116111
Elterntelefon: 0800 1110550

www.papilio.de
Papilio gGmbH – Programm zur Stärkung der sozio-emotionalen Kompetenzen von Kindern in Kindertageseinrichtungen

www.petze-institut.de
PETZE-Institut für Gewaltprävention gGmbH

www.profamilia.de
pro familia – Deutsche Gesellschaft für Familienplanung, Sexualpädagogik und Sexualberatung e. V. Bundesverband

www.strohhalm-ev.de
Strohhalm e. V. – Fachstelle für Prävention von sexualisierter Gewalt an Mädchen*, Jungen* und Kindern aller Geschlechter

www.tauwetter.de
Tauwetter – Anlaufstelle, für Männer* und TIN*, die in Kindheit, Jugend oder als Erwachsene sexualisierter Gewalt ausgesetzt waren

www.trau-dich.de
Online-Portal für Kinder mit Informationen über Kinderrechte und Schutz vor sexuellem Missbrauch

www.wildwasser.de
Wildwasser – Informationen und Hilfen für Kinder, Jugendliche und Erwachsene, die von sexuellem Missbrauch betroffen sind

www.zartbitter.de
Zartbitter e. V. – Kontakt- und Informationsstelle gegen sexuellen Missbrauch an Mädchen und Jungen

Buch- und Materialtipps für Kinder

Appenroth, M. & Vered, B. (2022): Egal was sich auch ändert, das Herz bleibt genau dasselbe (Transition eines Elternteils aus der Sicht eines Kindes). München: August Dreesbach Verlag.

Blattmann, S. (2023): Ich bin doch keine Zuckermaus. Neinsagegeschichten und Lieder. Köln: mebes & noack.

Blattmann, S. (2020): Mein erstes Haus war Mamis Bauch. Eine Geburts(tags)geschichte mit Liedern für Mädchen und Jungen. Bilderbuch mit Audio-CD. Köln: mebes & noack.

Braun, G. & Wolters, D. (2021): Das große und das kleine NEIN. Mülheim: Verlag an der Ruhr.

Enders, U. & Wolters, D. (2018): SchönBlöd. Ein Bilderbuch über schöne und blöde Gefühle. Köln: Zartbitter.

Enders, U. & Wolters, D. (2020): Wir können was, was ihr nicht könnt! Ein Bilderbuch über Zärtlichkeit und Doktorspiele. Mit Ratgeber für Eltern und pädagogische Fachkräfte. Köln: mebes & noack.

Fagertröm, G. & Hansson, G. (1979/2021): Peter, Ida und Minimum. Familie Lindström bekommt ein Baby. Ravensburg: Ravensburger Verlag.

Geisler, D. (2021): Mein Körper gehört mir! Sensibilisiere dein Kind für das Thema Missbrauch. Sachbuch für Kinder ab 5 Jahren. Bindlach: Loewe Verlag.

Geisler, D. & Kreul, H. (2021): Mein erstes Aufklärungsbuch. Aufklärung für Kinder ab 5 Jahren. Bindlach: Loewe Verlag.

Mebes, M. & Sandrock, S. (2020): Kein Küsschen auf Kommando / Kein Anfassen auf Kommando. Bilderbuch-Doppelband. Köln: mebes & noack.

Rosen, U. (2023): Jill ist anders. Ein Kinderbuch zur Intersexualität. Lingen: Salmo Verlag.

Schmidt, H.-C. & Német, A. (2022): Das komische Gefühl. Stuttgart: Klett Kinderbuch.

Wagner, K. (2023): Expedition nach Genitalien (Familie Weißbescheid, Band 1). Fritzlar: Richtig WiSSEN.

Zartbitter e. V. (2012): Ganz schön blöd! Hörspiel gegen sexuellen Missbrauch und Gewalt in den Medien für Mädchen und Jungen im Grundschulalter – nach dem gleichnamigen Präventionstheaterstück (zu beziehen über: www.zartbitter.de).

Literatur

Arbeitsgemeinschaft für Kinder- und Jugendhilfe (AGJ) (2012): Geschlechtersensibilität als Merkmal und Gegenstand von Erziehung, Bildung und Betreuung in Kindertageseinrichtungen. Diskussionspapier. https://www.agj.de/fileadmin/files/positionen/2012/Geschlechtersensibilitaet.pdf.

Arbeitsstab der Unabhängigen Beauftragten für Fragen des sexuellen Kindesmissbrauchs (Hrsg.) (2014): Informationen für Eltern und Fachkräfte. https://www.kein-raum-fuer-missbrauch.de/fileadmin/Content/Downloads/Downloads_alte_Website/Infoblaetter/Infoblaetter_Gesamtdokument.pdf.

Bayerisches Staatsministerium für Arbeit und Sozialordnung, Familie und Frauen (BStMAS) & Staatsinstitut für Frühpädagogik (IFP) (2019): Der Bayerische Bildungs- und Erziehungsplan für Kinder in Tageseinrichtungen bis zur Einschulung. Berlin: Cornelsen, 10. Auflage.

Bundesministerium der Justiz und Verbraucherschutz (Hrsg.) (2021): Sexueller Kindesmissbrauch in Einrichtungen. Was ist in einem Verdachtsfall zu tun? https://www.bmj.de/SharedDocs/Publikationen/DE/Broschueren/Verdacht_Kindesmissbrauch_Einrichtung.html.

Bundesministerium der Justiz; Bundesministerium für Familie, Senioren, Frauen und Jugend & Bundesministerium für Bildung und Forschung (Hrsg.) (2011): Abschlussbericht des Runden Tischs Sexueller Kindesmissbrauch in Abhänggigkeits- und Machtverhältnissen in privaten und öffentlichen Einrichtungen und im familiären Bereich. https://www.bmfsfj.de/bmfsfj/service/publikationen/sexueller-kindesmissbrauch-86342

Bundesministerium für Familie, Senioren, Frauen und Jugend (BMFSFJ) (2000): Übereinkommen über die Rechte des Kindes. UN-Kinderrechtskonvention im Wortlaut mit Materialien. Berlin.

Bundesministerium für Familie, Senioren, Frauen und Jugend (BMFSFJ) (2005): Checkliste Gender Mainstreaming bei Maßnahmen der Presse- und Öffentlichkeitsarbeit. Berlin.

Bundeszentrale für gesundheitliche Aufklärung (BZgA) (Hrsg.) (2011): Standards für die Sexualaufklärung in Europa. Rahmenkonzept für politische Entscheidungsträger, Bildungseinrichtungen, Gesundheitsbehörden, Expertinnen und Experten. https://shop.bzga.de.

Bundeszentrale für gesundheitliche Aufklärung (BZgA) (2013): Trau dich! Infoflyer zur Initiative zur Prävention des sexuellen Missbrauchs. DIN-lang-Broschüre für Erwachsene. https://shop.bzga.de/.

Bundeszentrale für gesundheitliche Aufklärung (BZgA) (2021): Liebevoll begleiten … Körperwahrnehmung und körperliche Neugier kleiner Kinder. Ein Ratgeber für Eltern zur kindlichen Entwicklung vom 1. bis zum 6. Lebensjahr. https://shop.bzga.de.

Deegener, G. (2010): Kindesmissbrauch. Erkennen – helfen – vorbeugen. Weinheim: Beltz, 5. Auflage.

Delfos, M. F. (2004): »Sag mir mal …«. Gesprächsführung mit Kindern. Weinheim: Beltz.

deMause, L. (1977): Hört ihr die Kinder weinen. Eine psychogenetische Geschichte der Kindheit. Frankfurt am Main: Suhrkamp.

Ducret, V. & Nanjoud, B. (2012): La poupée de Timothée et le camion de Lison. In: undKinder 90, S. 61–70.

Destatis (2024): Zahl der Woche Nr. 34 vom 22. August 2023. https://www.destatis.de/DE/Presse/Pressemitteilungen/Zahl-der-Woche/2023/PD23_34_p002.html.

Enders, U. (2012): Grenzen achten: Schutz vor sexuellem Missbrauch in Institutionen. Ein Handbuch für die Praxis. Köln: Kiepenheuer & Witsch.

Enders, U. & Wolters, D. (2020): Wir können was, was ihr nicht könnt! Ein Bilderbuch über Zärtlichkeit und Doktorspiele. Mit Ratgeber für Eltern und pädagogische Fachkräfte. Köln: mebes & noack.

Fegert, J. M. & Liebhardt, H. (2012): Sexuellem Missbrauch aktiv begegnen. Gefährdungen durch Aufmerksamkeit und Achtsamkeit reduzieren. In: frühe Kindheit 4, S. 19–28.

Fiedler, P. (2010): Psychosexuelle Entwicklungen und ihre Störungen. In: frühe Kindheit 3. https://liga-kind.de/310-fiedler/.

Freud, S. (1917): Vorlesungen zur Einführung in die Psychoanalyse. Gesammelte Werke in 18 Bänden, Bd. XI. Frankfurt am Main: Fischer.

Freud, S. (1920): Über die Psychogenese eines Falles von weiblicher Homosexualität. In: Freud, A. et al. (Hrsg.): Werke aus den Jahren 1917–1920. Gesammelte Werke in 18 Bänden, Bd. XII. Frankfurt am Main: Fischer.

Hölderlin, F. (1797/1981): Hyperion oder Eremit in Griechenland (Fragmente). Sämtliche Werke Bd. 1. München: Vollmer.

Kägi, S. & Jakob, M. (2010): Kindertageseinrichtungen – Orte für sexuelle Themen? In: frühe Kindheit 3, S. 42–46.

Kerber-Ganse, W. (2009): Die Menschenrechte des Kindes. Die UN-Kinderrechtskonvention und die Pädagogik von Janusz Korczak. Versuch einer Perspektivenverschränkung. Opladen & Farmington Hills, MI: Barbara Budrich.

Key, E. (2000): Das Jahrhundert des Kindes. Weinheim: Beltz.

Koch, B. (2012): Frühe Bildung und Geschlecht – Wege zu einem gemischtgeschlechtlichen Personal im Kindergarten. In: undKinder 90, S. 51–59.

Korczak, J. (1919/1999): Das Kind in der Familie. In: ders.: Wie liebt man ein Kind. Erziehungsmomente. Das Recht des Kindes auf Achtung. Fröhliche Pädagogik. Sämtliche Werke Bd. 4. Gütersloh: Gütersloher Verlagshaus, S. 9–142.

Korczak, J. (1899/2004): Theorie und Praxis der Erziehung. Pädagogische Essays 1898–1942. Sämtliche Werke Bd. 9. Gütersloh: Gütersloher Verlagshaus.

Largo, R. H. (2012): Jedes Kind ist einmalig – und damit eine Herausforderung für Familie und Gesellschaft. In: frühe Kindheit 6, S. 8–17.

Levine, P. A.; Kline, M. (2010): Kinder vor seelischen Verletzungen schützen. München: Kösel.

Maywald, J. (2012a): Kinder haben Rechte! Kinderrechte kennen – umsetzen – wahren. Weinheim: Beltz.

Maywald, J. (2012b): Kindeswohlgefährdung einschätzen. Neue Instrumente für die Kindertageseinrichtung. In: kindergarten heute 6–7, S. 28–31.

Maywald, J. (2012c): Kindeswohlgefährdung – vorbeugen, erkennen, handeln. kindergarten heute – wissen kompakt. Freiburg: Herder.

Maywald, J. (2013): Kinderschutz in der Kita. Ein praktischer Leitfaden für Erzieherinnen und Erzieher. Freiburg: Herder.

Maywald, J. (2019): Gewalt durch pädagogische Fachkräfte verhindern. Die Kita als sicherer Ort für Kinder. Freiburg: Herder.

Maywald, J. (2023): Schritt für Schritt zum Kita-Schutzkonzept. München: Don Bosco.

Prengel, A. (2006): Pädagogik der Vielfalt. Verschiedenheit und Gleichberechtigung in Interkultureller, Feministischer und Integrativer Pädagogik. Wiesbaden: VS.

Rohrmann, T. & Team der Kita Fischteichweg (2009): Gender Perspektiven. Geschlechterbewusste Pädagogik in der Kita. Abschlussbericht des Pilotprojekts im Rahmen des niedersächsischen Orientierungsplanes für Bildung und Erziehung in Tageseinrichtungen für Kinder. http://www.wechselspiel-online.de/frameset/frameset_materialien.html.

Rohrmann, T. & Sozialpädagogisches Fortbildungswerk Berlin-Brandenburg (Hrsg.) (2012): Starke Mädchen – starke Jungen! Geschlechterbewusste Pädagogik als Schlüssel für Bildungsprozesse in der Kita. Berlin, 5. Auflage.

Rohrmann, T. (2015): Jungen, Mädchen, Gender und geschlechterbewusste Pädagogik in Bildungsrahmenplänen und Bildungsprogrammen für Kitas in deutschen Bundesländern. http://www.wechselspiel-online.de/frameset/frameset_literatur.html.

Rousseau, J.-J. (1762/1983): Émile oder Über die Erziehung. Paderborn: UTB, 6. Auflage.

Schwarzer, A. (1975): Der kleine Unterschied und seine großen Folgen. Frauen über sich. Beginn einer Befreiung. Frankfurt am Main: Fischer.

Schweizer, K. & Richter-Appelt, H. (2010): Dimensionen von Geschlecht. In: frühe Kindheit 3, S. 13–17.

Senatsverwaltung für Bildung, Jugend und Sport (Hrsg.) (2004): Berliner Bildungsprogramm für die Bildung, Erziehung und Betreuung von Kindern in Tageseinrichtungen bis zu ihrem Schuleintritt. Berlin: verlag das netz.

Sielert, U. (2008): Sexualpädagogik und Sexualerziehung in Theorie und Praxis. In: R.-B. Schmidt; U. Sielert (Hrsg.): Handbuch Sexualpädagogik und sexuelle Bildung. Weinheim & München: Juventa, S. 39–52.

Sielert, U. (2010): Kindersexualität, die Hintergründe von Gefährdungsdiskursen und sexuelle Bildung. In: frühe Kindheit 3, S. 23–27.

Stadler, L.; Bieneck, S. & Pfeiffer, C. (2012): Repräsentativbefragung Sexueller Missbrauch 2011. Forschungsbericht Nr. 118. https://digital.zlb.de/viewer/api/v1/records/15691426/files/images/fob118.pdf/full.pdf.

Trautner, H. M. (2008): Entwicklung der Geschlechtsidentität. In: R. Oerter & L. Montada (Hrsg.): Entwicklungspsychologie. Weinheim: Beltz, 6. Auflage.

Letzter Stand der Webadressen: 08.02.2024